C'MON, REFF!

STORI
Nigel Owens

C'MON, REFF!

STORI
Nigel Owens

ADDASIAD GAN ELIN MEEK

y Lolfa

Argraffiad cyntaf: 2018
© Hawlfraint Nigel Owens a'r Lolfa Cyf., 2018

*Mae hawlfraint ar gynnwys y llyfr hwn ac mae'n anghyfreithlon
llungopïo neu atgynhyrchu unrhyw ran ohono trwy unrhyw ddull ac
at unrhyw bwrpas (ar wahân i adolygu) heb gytundeb ysgrifenedig y
cyhoeddwyr ymlaen llaw*

Cynllun y clawr: Y Lolfa

Rhif Llyfr Rhyngwladol: 978 1 78461 617 5

Dymuna'r cyhoeddwyr gydnabod cymorth ariannol
Cyngor Llyfrau Cymru

Cyhoeddwyd ac argraffwyd yng Nghymru
ar bapur o goedwigoedd cynaliadwy gan
Y Lolfa Cyf., Talybont, Ceredigion SY24 5HE
e-bost ylolfa@ylolfa.com
gwefan www.ylolfa.com
ffôn 01970 832 304
ffacs 01970 832 782

Rhagair

Ebrill 1996

Mae'n hanner awr wedi tri y bore. Dw i wedi codi ers awr, fel bod Mam na 'Nhad ddim yn fy ngweld i. Dw i'n **gobeithio** eu bod nhw yn y gwely o hyd. Dw i wedi gadael nodyn iddyn nhw. Yn y nodyn, dw i'n dweud fy mod i wedi cyrraedd **y pen draw**. Yr unig ateb i fi nawr yw cymryd fy **mywyd** fy hunan.

Mae llawer o bethau yn chwarae ar fy meddwl i **ers tro**. Dw i'n hoff iawn o fwyd, ond dw i'n poeni fy mod i'n mynd yn dew. Felly, mae bwlimia arna i ers blynyddoedd. Yn ddiweddar, dw i wedi dechrau mynd i'r gampfa a chymryd tabledi steroid er mwyn magu **cyhyrau**. Dw i'n **dibynnu** ar y tabledi, ac maen nhw'n gwneud drwg i fi. Ond y rheswm mwyaf pam dw i yma nawr yw fy mod i'n anhapus gyda'r teip o berson dw i. Dw i'n **hoyw** a dw i ddim yn gwybod ble i droi.

Dw i wedi dod i ben Mynydd Bancyddraenen ym mhentref Mynyddcerrig. Dw i wedi byw yn y pentref yma erioed. Mae llawer o dabledi cysgu gyda fi. Dw i'n mynd i gymryd **gorddos** er mwyn **cael gwared ar** fy mhroblemau i gyd.

---

gobeithio – *to hope*	
y pen draw – *the (far) end, the point of no return*	
bywyd – *life*	**ers tro** – *for some time*
cyhyr(au) – *muscle(s)*	**dibynnu** – *to depend*
hoyw – *gay*	**gorddos** – *overdose*
cael gwared ar – *to get rid of*	

Awst 2018

Dw i'n edrych yn ôl ar yr amser ofnadwy hwnnw yn fy mywyd i, a dw i ddim yn gallu credu sut ro'n i'n teimlo. Ers y **cyfnod** hwnnw, dw i wedi cael cymaint o bleser fel **dyfarnwr** a **diddanwr**. Hefyd, dw i wedi cael llawer o help gan **berthnasau** a ffrindiau. Felly, dw i'n gobeithio y bydd *C'mon, Reff!* yn llyfr diddorol. Hefyd, dw i'n gobeithio y bydd y llyfr yn help i bobl sydd â rhai o'r problemau oedd gyda fi yn y gorffennol, ond nid nawr, **diolch byth**.

Nigel Owens

cyfnod – *period (time)*	**dyfarnwr** – *referee*
diddanwr – *entertainer*	
perthynas (perthnasau) – *relative(s)*	
diolch byth – *thank goodness*	

Y gwreiddiau

Ro'n i eisiau ffermio erioed. Pan o'n i'n blentyn bach, ro'n i a fy rhieni'n byw mewn **tyddyn** o'r enw Moultan ym Mynyddcerrig, yng Nghwm Gwendraeth, gyda Mam-gu, Tad-cu ac Wncwl Ken, brawd fy nhad. Roedd 'Nhad yn un o saith o blant gaeth eu magu yno. Roedd pawb yn eu nabod nhw fel Teulu Moultan. Roedd Mam-gu a Tad-cu, Wil a Maggie Moultan, yn cadw tair **erw** o **dir**, ac yn **rhentu** wyth erw arall, er mwyn magu ceffylau'**n bennaf**.

Yma, pan o'n i'n dair blwydd oed, mae'r **cof** cynta gyda fi o'r ceffylau: Susi, Bet, Fred a Cara. Roedd Mam-gu a Tad-cu hefyd yn cadw dwy neu dair buwch ac yn gwerthu ychydig o laeth a menyn i ffrindiau. Roedd ffermio yn y **gwaed** ar ochr Mam hefyd, gyda Tad-cu a Mam-gu, Lyn a Maud Nicholas, yn blant fferm. Yn anffodus roedd y ddau wedi marw yn ifanc, cyn i fi gael y **cyfle** i'w nabod nhw.

Efallai fy mod i'n hoffi ffermio pan o'n i'n ifanc achos bod fferm Tir Garn drws nesa i Moultan. Ro'n i'n **dianc** yma pan o'n i'n blentyn ac yn fy **arddegau cynnar**. Dw i'n cofio mynd drwy dwll yn y **clawdd** i fferm Tir Garn. Wedyn roedd Dewi neu Dilys yn gweiddi i lawr i Moultan i roi gwybod i'r

gwraidd (gwreiddiau) – *root(s)*	**tyddyn** – *smallholding*
erw – *acre*	**tir** – *land*
rhentu – *to rent*	**yn bennaf** – *mainly*
cof – *memory*	**gwaed** – *blood*
cyfle – *chance*	**dianc** – *to escape*
arddegau cynnar – *early teens*	**clawdd** – *hedge*

teulu ble ro'n i.

Pan o'n i'n bump oed, symudodd fy rhieni a fi **filltir** neu ddwy i lawr i ganol pentref Mynyddcerrig, i **dŷ cyngor**, rhif 8 ar **stad** Maeslan. Ers hynny, mae rhif 8 wedi bod yn rhif **lwcus** i fi. Dw i ddim yn betio fel arfer, ond os dw i'n rhoi arian ar y Grand National, ar rif 8 dw i'n betio bob tro. Un tro dw i'n cofio prynu rhif 8 **ar gyfer** car newydd, ond roedd rhif llawn y car yn bwysig hefyd: N8 REF!

Bob dydd Sadwrn ac yn ystod gwyliau'r ysgol, ro'n i'n mynd i Dir Garn i weithio ar y fferm. I Dewi a Dilys, a'u merched, ro'n i fel un o'r teulu. Ro'n i wrth fy modd yn gwneud pob math o waith ar y fferm. Ro'n i'n mwynhau gweithio gyda'r anifeiliaid. Doedd dim diddordeb gyda fi mewn **peiriannau**, dim ond gyrru'r tractor.

Uchafbwynt y flwyddyn yn Nhir Garn i fi oedd y **cynhaeaf gwair**. Roedd llawer o hwyl a **thynnu coes** gyda'r gwaith caled, ac wrth y bwrdd bwyd wedyn.

Roedd Dewi yn rhoi £5 i fi bob tro ro'n i'n mynd i weithio i Dir Garn, hyd yn oed os nad oedd llawer o waith i'w wneud. Wedyn ro'n i'n mynd â chŵn y fferm am **wâc** i'r mynydd. A dweud y gwir, roedd hi'n anodd dweud pwy oedd yn mwynhau fwyaf – fi neu'r cŵn.

Hefyd, ro'n i'n hoffi mynd ar fy ngwyliau i fferm Pentwyn, yn

milltir – *mile*	**tŷ cyngor** – *council house*
stad – *estate*	**lwcus** – *lucky*
ar gyfer – *for*	**peiriant (peiriannau)** – *machine(s)*
uchafbwynt – *highlight*	
cynhaeaf gwair – *harvest, haymaking*	
tynnu coes – *to pull someone's leg*	
wâc – *walk, stroll*	

Llan-non. Yma roedd Gloria, chwaer Mam-gu, a'i gŵr, Graham, yn ffermio. Ro'n i'n mynd lawr i aros gyda nhw am wythnos neu bythefnos **ar y tro**. Ro'n i'n cael amser wrth fy modd. Dysgais i yrru tractor yno, ac un tro es i gyda'r teulu i'r Sioe Frenhinol (y Royal Welsh) am y tro cynta. Es i **ar goll** yno. Ges i fy rhoi yn y lle 'Lost and Found'. Dw i'n cofio **llefain y glaw**, a dw i'n cofio'r **uchelseinydd** yn gofyn i'r bobl oedd wedi colli Nigel Owens ddod i'w gasglu fe.

ar y tro – *at a time*	**ar goll** – *lost*
llefain y glaw – *to cry one's eyes out (lit. like rain)*	
uchelseinydd – *loudspeaker*	

Ceffylau

Dw i wrth fy modd gyda cheffylau ers pan o'n i'n fachgen bach. Roedd fy nhad-cu'n **torri ebolion i mewn**. I ddechrau, roedd e'n rhoi **cyfrwy** ar gefn yr ebol. Wedyn ro'n i'n mynd i eistedd ar y cyfrwy. Roedd 'Nhad neu Tad-cu yn gorffen y broses. Weithiau roedd eisiau mynd â'r ceffyl a'r ebol i gerdded ar y ffordd, ac ro'n i'n eu **marchogaeth** – heb gyfrwy hyd yn oed.

Dw i'n cofio, un tro, roedd Tad-cu a fi'n torri ebol i mewn pan ganodd **corn** rhyw gar wrth basio. Fi oedd yn y cyfrwy. Cododd yr ebol ar ei goesau ôl a chwympo'n ôl. Ond **trwy lwc** tynnodd Tad-cu fi o'r cyfrwy cyn i'r ebol gwympo arna i.

Dw i'n cofio mynd gyda fy rhieni a Tad-cu i ffair geffylau Llanybydder, ac i werthu ebolion yn ffair Llanymddyfri ym mis Gorffennaf. Yno, un flwyddyn, prynodd Tad-cu **eboles** am £25. Cadwodd e'r eboles a'i **hyfforddi** hi am flwyddyn, ac yna ei gwerthu hi am £250!

Dw i'n dal i hoffi ceffylau, ond dw i ddim yn gwneud dim byd gyda nhw y dyddiau hyn. Baswn i wrth fy modd yn cael tyddyn bach, gyda chae neu ddau i fagu ceffylau. Efallai, ryw ddiwrnod, pan fydda i ddim mor brysur a ddim yn teithio'r byd.

---

torri ebolion i mewn – *to break in foals*	
cyfrwy – *saddle*	**marchogaeth** – *to ride (a horse)*
corn – *horn*	**trwy lwc** – *luckily*
eboles/ebol – *foal*	**hyfforddi** – *to train*

Diwydiant

Dw i wedi **sôn am** ffermydd, ond roedd llawer o ddiwydiant yng Nghwm Gwendraeth hefyd. **Glöwr** oedd Tad-cu, tad Mam, a glöwr oedd Tad-cu Moultan, ond roedd e'n ffermio hefyd. Roedd bywyd yn galed iawn. Roedd rhaid iddo fe godi am bedwar o'r gloch y bore i **odro** cyn cerdded i'r **pwll glo**. Roedd 'Nhad yn gweithio ychydig ar y glo ac ar ben y pwll yn y *washery* yng Nghwm-mawr a Choed Bach ar bwys Cydweli. Ond **treuliodd** e dipyn o'i fywyd yn gweithio yng **Nghwar** Crwbin ac yna yng Nghwar Tai'r Coed ym Mynyddcerrig. Roedd e'n **ddi-waith** weithiau hefyd. Ond gwnaeth fy rhieni'n siŵr fy mod i ddim yn **gweld eisiau** dim byd.

Treuliais i lawer o amser gyda Mam-gu a Tad-cu ac Wncwl Ken, felly mae hyn wedi cael **dylanwad** mawr arna i. Roedd **safonau** uchel gyda nhw, ac maen nhw wedi bod yn **batrwm** i fi. Efallai fy mod i ychydig yn hen ffasiwn hefyd. Hoff grŵp Mam-gu oedd Hogia'r Wyddfa. Ro'n nhw'n boblogaidd yn y 1970au a dw i'n dal i hoffi gwrando arnyn nhw.

diwydiant – *industry*	**sôn am** – *to talk about*
glöwr – *miner*	**godro** – *to milk*
pwll glo – *coalmine*	**treulio (amser)** – *to spend (time)*
cwar – *quarry*	**di-waith** – *unemployed*
gweld eisiau – *to miss out on*	**dylanwad** – *influence*
safon(au) – *standard(s)*	**patrwm** – *pattern, model*

Mae teulu'n bwysig

Roedd y teulu'n bwysig i ni i gyd. Unig blentyn o'n i, ond achos bod 'Nhad yn un o saith o blant a Mam yn un o chwech, roedd un deg wyth o **gefndryd** a **chyfnitherod** gyda fi. Roedd rhai dipyn yn henach na fi ond 'dyn ni bob amser yn **cadw cysylltiad**. Ro'n i'n arbennig o agos at rai, fel Helen, merch Emrys, brawd 'Nhad, a Ceirwen oedd yn byw drws nesa i ni am flynyddoedd. Hefyd ro'n i'n meddwl y byd o Wncwl Ken. Roedd e bob amser yna i fi, **yn enwedig** pan oedd angen *chauffeur* arna i.

Mae pobl yn dweud, 'Life is what you make of it', ond yn fy marn i, 'Life makes you'. Mae'r ffordd mae eich rhieni wedi eich magu chi, y teulu sydd gyda chi bob dydd, eich ffrindiau a'r **gymdeithas**, i gyd yn chwarae rhan bwysig. Dw i wedi bod yn lwcus iawn o'r holl bethau yma ac yn lwcus iawn o gael teulu arbennig, yr hen a'r ifanc.

---

cefnder (cefndryd) – *cousin(s) (male)*

cyfnither(od) – *cousin(s) (female)*

cadw cysylltiad – *to keep in touch*

yn enwedig – *especially*

cymdeithas – *society, association*

Gwyliau pan o'n i'n blentyn

Bob blwyddyn, roedd ein teulu bach ni yn mynd ar wyliau gyda theulu Helen, fy nghyfnither. Fel arfer, ro'n ni'n mynd i garafán ym Mhentywyn ar **arfordir** Sir Gaerfyrddin. Ro'n ni'n cael amser ardderchog yna. Dw i'n cofio cwpwl o Aberdâr yn aros yn y garafán drws nesa un flwyddyn. Aeth y gŵr â fi i bysgota i lan y môr. **Llwyddais** i i ddal *bass* eitha mawr, y pysgodyn cyntaf i fi ei ddal. Gaethon ni swper hyfryd yn y garafán y noson honno. Ar ôl y **profiad** hwnnw, ro'n i eisiau mynd i bysgota ar ôl mynd adre. Yn wir, ro'n i'n mynd i bysgota yn y Gwendraeth Fach yn aml. Roedd Wncwl Ken a 'Nhad yn dod gyda fi weithiau. Ers y dyddiau hynny, dw i'n mwynhau pysgota afon. Yn anffodus, dw i ddim wedi cael llawer o gyfle i wneud hynny yn ystod y blynyddoedd diwetha.

Hefyd, aethon ni i gyd i Butlins ym Mhwllheli unwaith neu ddwy. Dyna'r tro cyntaf i fi fynd i ogledd Cymru. Roedd cyfle i fwynhau **gweithgareddau** fel Donkey Derbies yn y gwersyll, ac roedd cyfle hefyd i weld y wlad o gwmpas.

---

arfordir – *coast* **llwyddo** – *to succeed*

profiad – *experience*

gweithgaredd(au) – *activity (activities)*

Yn yr ysgol gynradd

Roedd fy amser i yn ysgol fach Mynyddcerrig yn hapus iawn. Ond ar y diwrnod cynta ro'n i'n llefain y glaw, ac yn dal llaw 'Nhad. Do'n i ddim eisiau mynd i'r ysgol o gwbl. Cymerodd 'Nhad **drueni** drosta i. Aeth e â fi'n ôl i Moultan a dweud bod dim rhaid i fi fynd i'r ysgol. Ond roedd **ymateb** Mam yn wahanol. Rhoddodd hi **bryd o dafod** i fi a 'Nhad. Wedyn roedd rhaid i 'Nhad fynd â fi yn ôl i'r ysgol yn syth. Roedd tua 17 o blant yn yr ysgol pan ddechreuais i yno. Ond ar ôl rhyw dair blynedd, symudodd rhai Saeson i'r ardal. Wedyn, roedd tua 15 o blant yn yr ysgol, a newidiodd iaith yr iard o'r Gymraeg i'r Saesneg.

Gaethon ni lawer o hwyl yn Ysgol Mynyddcerrig. Un athro ac un athrawes oedd yno – Wyn Gravelle a Margaret Tunichie. Roedd ffrindiau da gyda fi. A dweud y gwir, roedd pawb yn ffrindiau. Ond, un bore, ro'n i wedi bod yn **poeni** un o'r merched am gael **benthyg** ei phensil. Roedd hi wedi **cael llond bola**, felly fe wnaeth hi droi a **gwasgu**'r pensil yn fy **mrest**! Roedd rhaid i fi fynd at y doctor i wneud yn siŵr bod dim **plwm** wedi mynd i mewn i fy ngwaed i. Mae marc y pensil ar fy mrest hyd heddiw. Ond gaeth y ddau ohonon ni bryd o dafod – fi am ei phoeni hi, a'r ferch am GBH!

Ro'n i'n hoffi gweithgareddau fel canu yn y gwasanaeth, actio

trueni – *pity*	**ymateb** – *reaction; to react*
pryd o dafod – *row, telling off*	**poeni** – *to worry, to hassle*
benthyg – *to borrow*	**cael llond bola** – *to get fed up*
gwasgu – *to press*	**brest** – *chest*
plwm – *lead (metal)*	

yn **stori'r geni** ac mewn pantomeim yn yr ysgol, yn fwy na'r gwaith **academaidd**. Do'n i ddim yn hoffi darllen rhyw lawer, heblaw am gomics. Roedd Dennis the Menace yn **arwr** i fi! Dw i'n cofio **anfon** i gael **bathodyn** arbennig i ddangos fy mod i'n aelod o'i *fan club* e. A dweud y gwir, dim ond yn y blynyddoedd diwetha dw i wedi dod i hoffi darllen. Dw i'n treulio cymaint o amser yn teithio ar awyrennau, mewn meysydd awyr a gwestai. Y math o lyfr dw i wedi ei fwynhau yw **hunangofiant** Nelson Mandela. Ges i'r **fraint** o gwrdd ag e pan o'n i'n **llumanwr** mewn gêm rhwng De Affrica ac Awstralia. Roedd e wedi dod i weld y gêm i ddathlu ei ben-blwydd yn 80 oed. Dw i wrth fy modd gyda'r math yna o lyfr, lle mae'r **cyn-arlywydd** yn rhoi hanes ei fywyd a'i **frwydr** yn erbyn **anghyfiawnder**. Un rheswm arall am hyn yw fy mod i wedi teithio tipyn yn Ne Affrica wrth **ddyfarnu**, felly dw i wedi gweld llawer o'r llefydd mae e'n sôn amdanyn nhw yn ei lyfr.

Pasiais yr arholiad 11+ i fynd i Ysgol **Ramadeg** y Gwendraeth, y disgybl ola i wneud hynny o Ysgol Mynyddcerrig. Wedyn, aeth ysgolion uwchradd Sir Gaerfyrddin yn ysgolion cyfun.

stori'r geni – *Nativity story*	**academaidd** – *academic*
arwr – *hero*	**anfon** – *to send*
bathodyn – *badge*	**hunangofiant** – *autobiography*
braint – *privilege*	
llumanwr (llumanwyr) – *linesman (linesmen)*	
cyn-arlywydd – *former president*	**brwydr** – *battle*
anghyfiawnder – *injustice*	**dyfarnu** – *to referee*
gramadeg – *grammar*	

Pentref Mynyddcerrig

Pentref bach oedd Mynyddcerrig. Doedd dim llawer yno, dim ond siop tships ar y sgwâr (llosgodd hi pan o'n i'n rhyw bum mlwydd oed), Swyddfa'r Post, y Clwb a'r ysgol. Roedd y Post yn gwerthu'r pethau arferol ac roedd y Clwb yn lle pwysig i fywyd **cymdeithasol** y pentref. Ar **adegau** arbennig fel y carnifal, roedd pawb wrth eu bodd yn mynd i'r Clwb i ganu ac i gael tipyn o hwyl.

---

cymdeithasol – *social*   **adeg(au)** – *occasion(s)*

Canu, a'r ysgol Sul

Canu oedd fy niddordeb mawr i pan o'n i'n blentyn. Roedd **cwrdd** plant unwaith y mis yng Nghapel Seion yn y pentref nesa, ac ro'n i'n canu **unawdau**, ac yn canu gyda dau ffrind, Christopher a Neil. Ro'n i'n canu hefyd yn yr ysgol Sul, bob prynhawn Sul yng Nghapel Nebo, Mynyddcerrig. Roedd tri yn ein dysgu ni yno − Jimmy Tegfan, Joyce Mountain Gate a Mrs Evans Brynhawddgar.

Heblaw am Jimmy, efallai faswn i ddim yn hoffi perfformio o flaen **cynulleidfa**. Daeth e i'r tŷ pan o'n i'n dair a hanner oed. Roedd Beibl gyda fe yn ei law, a gofynnodd e i Mam a faswn i'n darllen ychydig o **adnodau** yn yr ysgol Sul. Doedd Mam ddim yn siŵr, achos fy mod i mor ifanc, ond **perswadiodd** Jimmy hi drwy ddweud, "Gyda digon o ymarfer, bydd e'n iawn." Roedd Mam yn fwy nerfus na fi, siŵr o fod, ond aeth popeth yn iawn. Ges i **ganmoliaeth** uchel gan y **gweinidog**, y Parch. Tudor Lloyd Jones, ac felly roedd Mam yn falch.

Ro'n i'n mynd i'r ysgol Sul yn **ffyddlon** tan o'n i'n rhyw 13 oed. Yn y diwedd doedd neb yr un oedran â fi'n mynd o hyd, felly **rhoddais i'r ffidil yn y to** hefyd. Erbyn hyn does dim ysgol Sul yng Nghapel Nebo. Mae'r capel wedi cau ac mae wedi cael ei werthu i ffarmwr lleol. Dw i ddim yn mynd i'r capel nawr

cwrdd − *religious service*	**unawd(au)** − *solo(s)*
cynulleidfa − *audience, congregation*	
adnod(au) − *biblical verse(s)*	**perswadio** − *to persuade*
canmoliaeth − *praise*	**gweinidog** − *preacher*
ffyddlon − *loyal*	**rhoi'r ffidil yn y to** − *to give up*

ac mae bai arna i, dw i'n gwybod. Ond dw i'n teimlo ei bod hi'n drueni bod plant heddiw ddim yn mynd i'r ysgol Sul. Does **dim rhyfedd** bod plant a phobl ifanc ddim yn gwybod geiriau rhai o'n **hemynau** mwyaf ni yng Nghymru.

Weithiau, ar nos Sadwrn, roedd Christopher a fi'n canu yn nhafarn y Prince ym Mhorth-y-rhyd. Roedd y **perchnogion** yn **hala** car lan i Mynyddcerrig i nôl fi a Christopher. Ro'n i wrth fy modd yn canu o flaen cynulleidfa, ond hefyd roedd pobl y dafarn yn rhoi arian i fi. Felly, ges i hwyl yn perfformio.

dim rhyfedd – *no wonder*	**emyn(au)** – *hymn(s)*
perchennog (perchnogion) – *owner(s)*	**hala** – *to send*

Ergyd i'r teulu

Pan o'n i'n ddeuddeg oed fe wnaeth chwaer 'Nhad farw, sef Nancy – ergyd fawr i'r teulu. Fis ar ôl i Nancy farw, buodd farw Tad-cu, yn 78 mlwydd oed. Er bod Tad-cu yn bwysig iawn i fi, dwedais i fy mod i ddim eisiau mynd i'w **angladd**. Ro'n i wedi mynd i aros at Dewi a Dilys yn Nhir Garn. Ond ar y funud olaf, ffoniais i Mam i ddweud fy mod i'n moyn mynd i'r angladd. Wrth gwrs, roedd hi'n rhy hwyr a doedd dim digon o amser i ddod i fy nôl i o Dir Garn ac i newid dillad. Felly treuliais i'r prynhawn yn gorwedd ar fy ngwely, yn llefain y glaw.

Ar ôl i Tad-cu farw ro'n i'n mynd i aros yn aml at Mam-gu yn Dre-fach – roedd hi wedi colli gŵr a merch. Ond roedd hi wrth ei bodd yn adrodd hanes yr hen ddyddiau pan oedd hi'n gweithio ar y ffermydd **lleol**. Ac wrth gwrs, ro'n i wrth fy modd yn gwrando arni.

ergyd – *blow*	**angladd** – *funeral*
lleol – *local*	

Chwarae pan o'n i'n blentyn

Doedd dim llawer o le i chwaraeon yn fy mywyd i pan o'n i'n fachgen. Pan o'n i a'r plant eraill yn chwilio am rywbeth i'w wneud, ro'n ni'n aml yn mynd am wâc gyda'n gilydd lan i'r Cwm uwchben y pentref. Ro'n ni'n gwneud pethau fel dringo coed ac adeiladu tŷ yn y coed, neu neidio ar gefn dau **asyn** oedd ar fferm ar bwys stad Maeslan. Ro'n ni'n gwneud **drygioni** weithiau. Ro'n ni'n rhoi **brigau** coed ar draws y ffordd, ac roedd rhaid i'r gyrwyr stopio er mwyn eu symud nhw. Bob mis Medi, ro'n ni'n **dwyn** afalau ac yn eu taflu nhw'n uchel i'r awyr. Wedyn, ro'n nhw'n **glanio** ar y tai ar bwys.

Roedd Ysgol Mynyddcerrig yn rhy fach i ni gael ein tîm rygbi ein hunain. Felly, roedd tua thri ohonon ni'n **ymuno ag** Ysgol Dre-fach i chwarae ambell gêm. Dw i'n cofio ein gêm gyntaf ni yn erbyn Cross Hands ar gae Clwb Cefneithin. Sgoriais i fy **nghais** cyntaf erioed. Ro'n i'n **wythwr** ac o sgrym rhyw ddeg metr mas, codais i'r bêl a cherdded, fwy neu lai, dros y llinell gais. Sgoriais i gais arall hefyd ond rhaid **cyfaddef**, doedd dim llawer o syniad gyda fi beth ro'n i'n ei wneud. Doedd dim tîm rygbi yn y pentref o gwbl. A dweud y gwir, pêl-droed oedd gêm y pentref. Roedd 'Nhad yn aelod o dîm **llwyddiannus** Mynyddcerrig ar ddiwedd y 1950au. A phan o'n i'n ifanc, pêl-droed roedd y bechgyn yn arfer ei chwarae yn eu hamser hamdden yn y pentref.

asyn – *donkey*	**drygioni** – *mischief*
brigyn (brigau) – *branch(es)*	**dwyn** – *to steal*
glanio – *to land*	**ymuno â** – *to join*
cais – *try*	**wythwr** – *number eight*
cyfaddef – *to admit*	**llwyddiannus** – *successful*

Wrth gwrs, ro'n i wrth fy modd yn gweld Cymru yn chwarae rygbi ar y teledu. Dw i'n cofio'r eiliad pan feddyliais i, "Jiw, dw i'n lico'r gêm rygbi 'ma..." Roedd hyn pan sgoriodd Phil Bennett y cais gwych yna yn Murrayfield yn 1977, ar ôl **ochrgamu**'n bert a gorwedd ar y bêl ar ôl sgorio o dan y **pyst**, gyda gwên fach ar ei wyneb. Ond ches i ddim llawer o gyfle i weld **gemau byw** tan o'n i'n rhyw 13 oed, pan oedd 'Nhad, ffrindiau i'r teulu, a fi'n mynd yn aml i weld y Tymbl yn chwarae gartref a **bant**. Ro'n nhw'n un o dimau gorau **Undeb** Rygbi Gorllewin Cymru **ar y pryd**.

Ro'n i hefyd yn hoffi chwarae pŵl. Roedd bwrdd pŵl yn y Clwb. Roedd 'Nhad yn aelod o'r **Pwyllgor** ac roedd rhaid iddo fe lanhau'r Clwb weithiau. Felly, ro'n i'n mynd gydag e ar fore Sadwrn i'w helpu. Ond yr **atyniad** i fi oedd cael cyfle i chwarae gêm o pŵl gyda 'Nhad yn y Clwb. A dweud y gwir doedd dim **hawl** gyda fi i chwarae, achos ro'n i'n rhy ifanc. Felly, pan dorrais i'r **defnydd** ar wyneb y bwrdd wrth drio gwneud *trick shot* un tro, roedd rhaid i 'Nhad gymryd y bai a dweud taw fe dorrodd y defnydd. Ond roedd hi'n **werth** ymarfer, achos pan o'n i'n 14 blwydd oed, enillais i **Bencampwriaeth** Pŵl y Clwb. Ro'n i'n chwarae pŵl drwy fy arddegau, yn y Clwb a lawr yn y Prince gyda ffrindiau o'r Clwb Ffermwyr Ifanc, ond dw i ddim yn cael llawer o gyfle y dyddiau hyn.

ochrgamu – *to sidestep*	**postyn (pyst)** – *post(s)*
gemau byw – *live games*	**bant** – *away*
undeb – *union*	**ar y pryd** – *at the time*
pwyllgor – *committee*	**atyniad** – *attraction*
hawl – *right (to do something)*	**defnydd** – *material*
gwerth – *worth*	**pencampwriaeth** – *championship*

Mynd i'r ysgol uwchradd

Trwy hap a damwain des i'n ddisgybl yn Ysgol Maes-yr-Yrfa. Ar ôl i fi dreulio blwyddyn yn Ysgol Ramadeg y Gwendraeth, roedd rhaid i'r rhieni yn yr ardal ddewis rhwng Ysgol y Gwendraeth ac Ysgol Maes-yr-Yrfa. Yr unig **wahaniaeth** rhwng y ddwy ysgol oedd bod Ysgol Maes-yr-Yrfa yn rhoi addysg Gymraeg. Ond roedd llawer o'r rhieni yn meddwl, yn anghywir, bod y Gwendraeth yn rhyw fath o ysgol ramadeg o hyd. Hefyd, roedd **cyn-ddisgyblion** Ysgol y Gwendraeth yn **cynnwys** Carwyn James, Barry John, Gareth Davies a Jonathan Davies. Felly, penderfynodd y rhan fwyaf o'r plant aros yn Ysgol y Gwendraeth, a fi yn un ohonyn nhw, tan y funud olaf.

Penderfynais i adael Ysgol y Gwendraeth achos bod un o'r disgyblion yn yr un flwyddyn â fi yn fy **mwlio**. Do'n i ddim eisiau mynd i'r ysgol o gwbl weithiau. Ro'n i'n **esgus** yn aml fy mod i'n sâl, er mwyn cael aros gartref. Ond roedd ffrindiau da gyda fi, ac yn y diwedd, fe wnaethon nhw droi ar y 'bwli'. Wedyn rhoddodd e'r ffidil yn y to, diolch byth. Roedd y ffrindiau hyn, yn wahanol i fi, wedi penderfynu mynd i Ysgol Maes-yr-Yrfa y flwyddyn wedyn. Felly es i gyda nhw. Dw i ddim yn **difaru** dim. Dw i'n ddiolchgar iawn i Ysgol Maes-yr-Yrfa am bopeth dw i wedi'i wneud yn fy mywyd **cyhoeddus**.

trwy hap a damwain – *by chance*	**gwahaniaeth** – *difference*
cyn-ddisgybl(ion) – *former pupil(s)*	**cynnwys** – *to include*
bwlio – *to bully*	**esgus** – *to pretend*
difaru – *to regret*	**cyhoeddus** – *public*

Gwneud drygioni

Ond o'r dyddiau cynnar yn y Gwendraeth, roedd talent arbennig gyda fi i wneud drygioni. Un diwrnod cyn rhyw brawf Bioleg, perswadiais i un o fy ffrindiau i daflu ein bagiau ysgol ar ben un o'r Portakabins yn yr iard. Yna, i mewn â ni i'r prawf a dweud wrth yr athro, Eddie Biol, fod rhywun wedi dwyn ein bagiau ni. Roedd rhaid eu ffeindio nhw ar unwaith achos roedd ein llyfrau ni ynddyn nhw, a'r gwaith cartref ar gyfer pob gwers.

Felly, ar ôl cael **caniatâd** i fynd i chwilio am y bagiau, i ffwrdd â ni i nôl Mr Owain Herbert, yr athro Technoleg. Roedd **ysgol** gyda fe. Dwedon ni wrtho fe fod rhyw blant drwg wedi taflu ein bagiau ni ar ben to'r Portakabin. Ffeindiodd e'r bagiau, ond wrth ddringo'r ysgol dwedodd e ei fod e'n "gwybod yn iawn beth oedd ein triciau ni". Ond doedd dim ots – ro'n ni wedi colli'r prawf Bioleg!

Ro'n i'n dal i fod yn llawn drygioni yn Ysgol Maes-yr-Yrfa hefyd. Yn un o'r dosbarthiadau **cofrestru** cynnar yno, roedd Jones Maths eisiau i ni'r disgyblion alw ein henwau. Pan oedd plant yn ateb cwestiynau, roedd Jones Maths eisiau iddyn nhw orffen drwy ddweud 'syr' bob amser:

"Beth yw 12 **lluosi** 12?"

"144, syr."

Os na fasai'r ateb yn cynnwys y gair 'syr' basai'n gofyn eto. Felly pan ddaeth fy **nhro** i alw fy enw wrth gofrestru, dwedais i,

caniatâd – *permission*	**ysgol** – *ladder*
cofrestru – *registration, to register*	**lluosi** – *to multiply*
tro – *turn*	

"Nigel Owens."

Dwedodd Jones, "Pardwn?"

"Nigel Owens," dwedais i eto.

"Dwyt ti ddim yn dweud 'syr', 'te?" gofynnodd yr athro.

"O," atebais i. "Syr Nigel Owens!"

Roedd y staff yn gweld yr ochr ddoniol, fel arfer, diolch byth.

Wrth gwrs, do'n i ddim yn rhoi digon o sylw i fy ngwaith ysgol achos fy mod i'n rhy brysur yn gwneud drygioni. A dweud y gwir, ro'n i'n hoffi meddwl y baswn i'n gallu mynd yn **filfeddyg** ryw ddiwrnod. Ond dwedodd un athro wrtha i pan soniais i am hynny, "Wnei di byth, Nigel... dwyt ti ddim yn gweithio'n ddigon caled."

milfeddyg – *vet*

Drama

Roedd drama'n agos at fy nghalon i, a dw i'n ddiolchgar iawn
i un athrawes yn arbennig, Delyth Mai Nicholas. Rhoddodd hi
gyfle i fi berfformio tipyn. Ges i gyfle hefyd i wneud gwaith teledu
pan o'n i'n 13 oed. Roedd eisiau plant i **leisio cyfres** ddrama
o'r Eidal i bobl ifanc. Ges i fy newis i chwarae rhan Pepino,
bachgen bach tew oedd yn bwyta drwy'r amser. Un **fantais** oedd
fy mod i'n cael bwyta lolipops a losin wrth recordio! Mwynheais
i'r profiad yn fawr – ro'n i'n hoffi perfformio, ac ro'n i'n cael fy
nhalu hefyd! Roedd Mam yn **cynilo**'r arian drosta i. Dyna sut
ges i fy nghar cynta, yn 17 oed: hen Honda Civic melyn Jimmy
Tegfan.

Roedd rhaid mynd i Gaerdydd i wneud y **trosleisio**, a doedd
Dad ddim eisiau gyrru, felly ro'n ni'n mynd ar y trên. Ges i
gyfle i weld ychydig o bethau yn y ddinas, fel yr **Amgueddfa
Genedlaethol** a **Pharc yr Arfau**, wrth gwrs. Pan aethon ni
yno, roedd dyn yn torri'r **borfa**, a gaethon ni gerdded ar y cae
ei hunan. Roedd hyn yn **wefr** i fi ar y pryd. Es i'n ôl yna am yr
ail dro gyda ffrindiau i weld tîm Cymru'n chwarae ei gêm olaf ar
Barc yr Arfau yn erbyn Lloegr yn 1995.

lleisio – *to voice (voice-over)*	**cyfres** – *series*
mantais (manteision) – *advantage(s)*	
cynilo – *to save (money)*	**trosleisio** – *to dub*
Amgueddfa Genedlaethol – *National Museum*	
Parc yr Arfau – *Cardiff Arms Park*	
porfa – *grass*	**gwefr** – *thrill*

Dechrau mwynhau perfformio

Pan o'n i yn yr ysgol uwchradd ro'n i'n hoffi gwylio'r **digrifwr** Ifan Gruffydd, mewn rhaglenni teledu fel *Ma' Ifan 'Ma* a *Noson Lawen*. Ro'n i'n dysgu'r jôcs ac yna, yn yr ysgol ar y bore Llun, yn yr ystafell gotiau, ro'n i'n eu dweud nhw wrth fy ffrindiau, yn union fel Ifan. Ro'n i'n cael hwyl yn gwneud hyn.

Pan o'n i'n 14 blwydd oed dw i'n cofio gwneud sbot o tua hanner awr yn **dynwared** Idwal, un o **gymeriadau** Ifan Gruffydd, mewn noson Cawl a Chân yng Nghlwb Mynyddcerrig. Ges i ymateb da iawn a dyma'r tro cynta i fi deimlo'r wefr o wneud i gynulleidfa chwerthin. Roedd y profiad hwnnw'n **hwb** i fi i fod yn ddigrifwr wedyn.

Ond dysgais i wers bwysig y noson honno, achos pan es i'n ôl i'r llwyfan wedyn, ches i ddim ymateb cystal. Felly, dysgais fod rhaid torri perfformiad **yn ei flas**, nid gadael i bethau **lusgo** mlaen.

digrifwr – *comedian*	**dynwared** – *to mimic, to impersonate*
cymeriad(au) – *character(s)*	**hwb** – *boost*
yn ei flas – *on a high note*	**llusgo** – *to drag*

Cystadlu gyda'r Clwb Ffermwyr Ifanc

Daeth cyfle arall i fi fod yn fwy 'cyhoeddus' pan ddes i'n aelod o Glwb Ffermwyr Ifanc Llanarthne, pan o'n i'n bymtheg oed. Mae'n bosib y basai fy mywyd i wedi bod yn wahanol iawn heblaw am y Ffermwyr Ifanc.

Ges i gyfle gwych i fod yn 'gyhoeddus' mewn llawer o ffyrdd gwahanol. Ro'n i wrth fy modd yn cymryd rhan yn Eisteddfod y Ffermwyr Ifanc. Dros y blynyddoedd enillais i'r wobr gynta yn y **gystadleuaeth** siarad cyhoeddus, yn Gymraeg ac yn Saesneg. Hefyd, enillais i'r gystadleuaeth dynwared, yr **adroddiad digri** a'r gystadleuaeth i ddigrifwyr, ac ennill y wobr am y perfformiwr gorau yn y gystadleuaeth hanner awr o **adloniant**.

Roedd y cyfan yn hwb mawr i fi **ddal ati** fel perfformiwr.

---

cystadleuaeth – *competition*

adroddiad digri – *humorous recitation*

adloniant – *entertainment*   **dal ati** – *to carry on*

Gweithio fel gofalwr

Pan ddaeth hi'n amser i fi sefyll arholiadau **TGAU**, ro'n i wedi meddwl mynd yn ôl i Ysgol Maes-yr-Yrfa i wneud **Safon Uwch** mewn Hanes a Drama. Pasiais y ddau bwnc yna, ond roedd y **canlyniadau** eraill yn **siomedig**. Felly es i'n ôl wedi'r haf i **ailsefyll** y pynciau ro'n i wedi eu **methu**.

Soniodd y Prifathro, Arwyn Thomas, un diwrnod, efallai basai'n rhaid i'r ysgol gau am dipyn yr wythnos wedyn. Roedd rhaid i Cliff, y gofalwr ar y pryd, fynd i'r ysbyty. Felly **cynigiais** i wneud swydd y gofalwr. Y bore wedyn dwedodd y Prifathro fod popeth yn iawn, a fy mod i'n cael y swydd. Am ryw fis ro'n i'n ofalwr ac yn ddisgybl. Ond yna penderfynais i fod swydd y gofalwr yn **apelio** mwy ata i, achos swydd ran-amser oedd hi. Ro'n i'n dod i mewn erbyn hanner awr wedi chwech y bore i baratoi'r ysgol ac ro'n i'n gorffen am hanner awr wedi naw. Wedyn roedd rhaid i fi ddod yn ôl i'r ysgol am dri o'r gloch y prynhawn a gweithio tan hanner awr wedi chwech.

Ro'n i'n cael tâl o £120 yr wythnos, a hefyd ro'n i'n mynd i weithio ar fferm y Wern yn ystod y dydd. Wrth gwrs, mae gwaith gofalwr yn bwysig iawn ac ro'n i wedi **aeddfedu** llawer

gofalwr – *caretaker*	**TGAU** – *GCSE*
Safon Uwch – *Advanced Level (A-level)*	
canlyniad(au) – *result(s)*	
siomedig – *disappointing; disappointed*	
ailsefyll – *to resit*	**methu** – *to fail*
cynnig – *to offer*	**apelio** – *to appeal*
aeddfedu – *to mature*	

erbyn hynny.

Ro'n i'n hapus iawn fel gofalwr. Ro'n i'n ifanc, ac ro'n i fel mab i'r saith o fenywod glanhau. Ro'n i'n cael tipyn o hwyl yn tynnu eu coesau. Uchafbwynt yr wythnos oedd cwrdd am baned o de a bisgedi ar ddiwedd pob prynhawn dydd Gwener.

Daeth Cliff y gofalwr yn ôl i'r ysgol, ond dim ond am flwyddyn, cyn ymddeol. Treuliais i'r flwyddyn honno'n gweithio'n llawn-amser ar fferm y Wern.

Stori'r tacsi

Ro'n i'n dal i fwynhau cwmni'r Ffermwyr Ifanc. Roedd rhai ohonyn nhw'n henach na fi. Es i i **drwbwl** weithiau wrth drio dangos fy mod i mor **brofiadol** â nhw, yn enwedig wrth yfed cwpwl o beints.

Dw i'n cofio mynd i Gaerfyrddin gyda nhw rhyw nos Sadwrn. Ro'n i'n trio yfed cymaint â nhw, ond erbyn tua 11.30, ro'n i'n gwybod fy mod i wedi cael digon. Felly ges i dacsi a gofyn i'r gyrrwr fynd â fi'n ôl i Fynyddcerrig. Pan **waeddodd** y gyrrwr ein bod ni wedi cyrraedd, rhoddais i fy llaw yn fy mhoced a gweld bod dim arian gyda fi.

Doedd dim dewis gyda fi ond rhedeg o'r tacsi er mwyn **osgoi** talu. I ffwrdd â fi fel **milgi**. Neidiais i dros ddwy wal, gyda'r gyrrwr yn gweiddi tu ôl i fi. Yna cwympais i fel sach o datws ar fy wyneb wrth geisio neidio dros y drydedd wal!

Gorweddais i'n **llonydd** tan i fi glywed y tacsi'n mynd. Codais i ar fy nhraed i weld ble ro'n i. **Sylweddolais** i fod y tacsi wedi dod â fi i bentref Mynyddygarreg, ar bwys Cydweli, nid i Fynyddcerrig – roedd rhaid i fi gerdded tua wyth milltir i gyrraedd adre!

Roedd honno'n wers ddrud iawn – dysgais i y dylwn i ddewis fy ffrindiau yfed yn fwy gofalus, a gwneud yn siŵr bod arian gyda fi i i dalu am dacsi!

trwbwl – *trouble*	**profiadol** – *experienced*
gweiddi – *to shout*	**osgoi** – *to avoid*
milgi (milgwn) – *greyhound(s)*	**llonydd** – *still*
sylweddoli – *to realize*	

Gweithio fel technegydd

Ro'n i'n meddwl y baswn i'n mynd yn ôl i fod yn ofalwr yn yr ysgol ar ôl blwyddyn. Ond yn y pen draw, es i'n ôl yno fel technegydd. Fi oedd yn **gyfrifol** am y gwasanaeth **llungopïo** ac am yr **offer** technoleg. Neidiais i at y cyfle achos, wedi'r cyfan, roedd y gwaith yn llawer mwy diddorol na bod yn ofalwr ac roedd e'n talu mwy.

Ro'n i'n hapus iawn fel technegydd hefyd. Efallai taw technegydd faswn i heddiw heblaw am y gwaith dyfarnu. Roedd pawb yn fy ngalw i'n 'Nigel', y staff a'r disgyblion. Wrth gwrs, roedd tipyn o sbort i'w gael gyda'r technegwyr eraill, merched y swyddfa a'r gofalwr newydd. Efallai ein bod ni wedi **mynd dros ben llestri** weithiau. Un tro, penderfynodd y gofalwr newydd a fi **gloi**'r athrawon i gyd yn ystafell y staff pan oedd cyfarfod gyda nhw ar ôl yr ysgol. Roedd rhaid i un ohonyn nhw ddringo mas drwy'r ffenest i nôl allwedd sbâr!

Ond weithiau gaeth staff yr ysgol gyfle i wneud hwyl am fy mhen i hefyd. Dw i'n cofio cael fy hala i siop Leekes yn Cross Hands i brynu **pwysau** i'w rhoi ar **waelod** rhai o'r bleinds ar y ffenestri. Deallais i wedyn fod pwysau fel hyn ddim yn **bodoli**.

technegydd – *technician*	**cyfrifol** – *responsible*
llungopïo – *to photocopy*	**offer** – *equipment*
mynd dros ben llestri – *to go over the top*	
cloi – *to lock*	**pwys(au)** – *weight(s)*
gwaelod – *bottom*	**bodoli** – *to exist*

Chwiliais i am **oesoedd** yn y siop, a holi **hwn a'r llall**. Wedyn daeth holl staff Leekes ata i a gweiddi 'Ffŵl Ebrill'. Do'n i ddim yn cofio ei bod hi'n Ebrill y cynta!

oesoedd – *ages*

hwn a'r llall – *a few people (lit. this one and that one)*

Gweithio mewn clybiau ieuenctid

Doedd swydd technegydd ddim yn talu'n dda, felly ges i swydd yn gweithio gyda chlybiau ieuenctid ym mhentrefi Cwm Gwendraeth. Ro'n i'n gweithio o nos Lun i nos Wener, ac ro'n i wrth fy modd. Roedd y bobl ifanc yn cael mynd i Gaerdydd i **sglefrio iâ**, ac yn mynd ar deithiau **beicio**, neu i Barc Oakwood.

Mwynhau oedd y peth pwysig yn y clybiau, ond roedd cyfle i fi helpu pobl ifanc hefyd. Oherwydd fy mhrofiadau personol, dw i'n teimlo'n gryf am fwlio. Weithiau, roedd rhiant neu ffrind yn dweud wrtha i fod person ifanc yn cael ei fwlio. Yn y clwb ieuenctid roedd cyfle i fi gael gair tawel gyda'r bwli.

Ro'n i'n nabod llawer iawn o'r bobl ifanc hyn achos eu bod nhw'n mynd i Ysgol Maes-yr-Yrfa. Ac roedd hi'n **haws** i'r bobl ifanc siarad â fi yn y clwb ieuenctid na siarad â'r athrawon yn yr ysgol.

Ro'n i'n mwynhau'r gwaith yn y clwb ieuenctid a gwnes i gwrs i fod yn weithiwr ieuenctid. Taswn i ddim wedi mynd yn ddyfarnwr proffesiynol, efallai taw gweithiwr ieuenctid faswn i heddiw.

---

clwb (clybiau) ieuenctid – *youth club(s)*

sglefrio iâ – *ice skating*   **beicio** – *to cycle*

haws – *easier*

Noson Lawen

Tua diwedd y 1980au, ro'n i'n cael mwy a mwy o waith fel digrifwr. Ro'n i'n dweud jôcs yn nhafarn y Prince ym Mhorth-y-rhyd ar nos Sadwrn, ac ro'n i'n gwneud yr un math o beth mewn ambell i noson Cawl a Chân yn lleol.

Wedyn dechreuodd pobl ofyn i fi **gyflwyno** nosweithiau llawen. Un tro, yng Nghlwb Rygbi Llanymddyfri, ro'n i'n **rhannu** llwyfan â Dafydd Iwan a'r Band. Soniodd rhai o'r band amdana i wrth Hefin Elis, **cynhyrchydd** y rhaglen deledu *Noson Lawen* ar S4C. Ges i **wahoddiad** i berfformio ar y rhaglen. Yn 1992, ges i gynnig i gyflwyno'r rhaglen **bob hyn a hyn**.

Gweithiais i ar *Noson Lawen* am bymtheng mlynedd i gyd ac ro'n i'n mwynhau pob munud. Roedd paratoi jôcs ar gyfer y rhaglen yn anodd. Roedd rhaid dod o hyd i jôcs newydd o hyd. Ar ôl i fi ddefnyddio jôc ar y teledu unwaith, do'n i ddim yn gallu ei defnyddio hi wedyn. Wel, am sawl blwyddyn, **o leiaf**.

Y math o hiwmor dw i'n ei hoffi yw hiwmor 'stand up' **traddodiadol** pobl fel Ken Goodwin, Bernard Manning a Ken Dodd. Dw i ddim yn hoffi comedi amgen neu 'alternative'. Dw i'n hoff iawn o **gomedi sefyllfa** a dw i wrth fy modd â chyfresi fel *Only Fools and Horses* a fy hoff gyfres, *High Hopes*.

Roedd hi'n bwysig bod stôr o jôcs gyda fi. Ro'n i'n clywed

cyflwyno – *to introduce, to present*	**rhannu** – *to share*
cynhyrchydd – *producer*	**gwahoddiad** – *invitation*
bob hyn a hyn – *once in a while*	**o leiaf** – *at least*
traddodiadol – *traditional*	
comedi sefyllfa – *situation comedy*	

llawer wrth **gymysgu** â phobl, ar fferm y Wern, yn nhafarn y Prince, yng Nghlwb Mynyddcerrig ac yn y Clwb Ffermwyr Ifanc.

Ro'n i bob amser yn trio'r jôcs ar fy rhieni gartref yn gynta, hyd yn oed **jôcs coch**. Ond weithiau do'n nhw ddim yn chwerthin, er fy mod i'n gwybod bod y jôc yn ddoniol. Mae hi'n haws cael pobl i chwerthin pan mae llawer o bobl gyda'i gilydd mewn cynulleidfa.

Fel arfer dw i'n cael ymateb da iawn gan gynulleidfaoedd. Ond dw i wedi sylwi bod gwahaniaeth rhwng cynulleidfaoedd. Dim ond unwaith dw i wedi bod ar lwyfan yng ngogledd Cymru – yn Theatr Bae Colwyn. Llwyddais i i wneud i'r gynulleidfa chwerthin ond rhaid cyfaddef, doedd hi ddim yn hawdd. Falle fod y gynulleidfa yn y gogledd ddim yn deall rhai o'r jôcs oherwydd acen a **thafodiaith** y de. Hefyd, dw i'n mynd i **fentro** dweud fy mod i'n credu bod hiwmor y **Gogs** yn wahanol i hiwmor yr **Hwntws**!

Dw i ddim yn gwneud gwaith fel digrifwr y dyddiau hyn. Dw i'n cael fy **ngwahodd** i siarad ar ôl cinio weithiau, ond mae pobl eisiau clywed am fy mhrofiadau i fel dyfarnwr rygbi. Mae pobl yn mwynhau hynny bob amser.

Er taw rygbi yw fy ngwaith, dw i'n dal i fwynhau **diddanu** ar raglen *Jonathan* neu fel **siaradwr gwadd**.

cymysgu – *to mix*	**jôcs coch** – *blue jokes*
tafodiaith – *dialect*	**mentro** – *to venture, to dare*
Gogs – *slang term for North Walians*	
Hwntws – *slang term for South Walians*	
gwahodd – *to invite*	**diddanu** – *to entertain*
siaradwr gwadd – *guest speaker*	

Dechrau dyfarnu

Pan o'n i'n ddisgybl yn Ysgol Maes-yr-Yrfa, doedd dim llawer iawn o ddisgyblion yn yr ysgol. Felly ro'n *i*, hyd yn oed, yn cael lle yn nhîm rygbi Blwyddyn 11. Ro'n i'n mwynhau chwarae, tan y gêm yn erbyn **Sanclêr**. Do'n ni ddim wedi ennill un gêm drwy'r tymor ond llwyddon ni i sgorio cais ar ddiwedd y gêm, felly 12–12 oedd y sgôr. Nawr roedd **trosiad** i ddod o flaen y pyst.

Fi oedd y **cefnwr** y diwrnod hwnnw a gofynnais am gymryd y trosiad. Ro'n i siŵr o fod yn edrych ymlaen at gael **clod** am ennill gêm gyntaf y tymor. Yn anffodus, wnes i ddim taro'r bêl yn iawn o gwbl ac aeth y gic yn bell iawn o'r pyst!

Oherwydd hyn, gofynnodd John Beynon, yr athro oedd yn gofalu am chwaraeon, faswn i'n **ystyried** bod yn ddyfarnwr, dim chwaraewr. Ro'n i'n **parchu** John yn fawr.

Cyn hir wedyn, dangosodd James Rees, athro arall yn yr ysgol, boster i fi. Roedd y poster yn dweud bod Undeb Rygbi Cymru yn chwilio am ddyfarnwyr. Roedd cwrs dau ddiwrnod i hyfforddi dyfarnwyr yng Nghaerdydd. Ro'n i'n hapus iawn am y syniad. Ond **siom** ges i, achos bod rhaid bod dros 18 oed i fynd ar y cwrs yng Nghaerdydd. Roedd rhaid gwneud y cwrs cyn dringo ysgol dyfarnwyr yr Undeb.

Sanclêr – *St Clears*	**trosiad** – *conversion (rugby)*
cefnwr – *full-back*	**clod** – *praise*
ystyried – *to consider*	**parchu** – *to respect*
siom – *disappointment*	

Ond ges i wybod y baswn i'n gallu dyfarnu yng **nghynghrair** lleol Gorllewin Cymru, lle roedd ail dimau llawer o glybiau lleol yr Undeb yn chwarae. Felly, es i Gymdeithas Dyfarnwyr Undeb Rygbi Llanelli a'r **Cylch**.

Yn y cyfarfod cyntaf hwnnw o'r gymdeithas ges i gopi o'r llyfr **rheolau** a chyfle i siarad ag Alun West, oedd yn trefnu gemau Llanelli a'r Cylch. Gofynnodd Alun i fi ddyfarnu gêm rhwng ysgolion Sir Gaerfyrddin ac ysgolion Sir Benfro ar gae Fivefields yng Nghaerfyrddin.

Yn wir, aeth pethau'n dda ar y diwrnod. Daeth un o'r bobl **swyddogol** oedd yn gwylio'r gêm ata i a dweud, "Da iawn. Byddi di'n mynd yn bell fel dyfarnwr."

Ar y pryd roedd hynny'n hwb mawr i fi.

cynghrair – *league*	**cylch** – *district*
rheol(au) – *rule(s)*	**swyddogol** – *official*

Problemau teithio

Ond doedd hi ddim mor hawdd bob amser. Ro'n i wedi gofyn i Alun West roi gemau ar bwys gartref i fi. Ro'n i'n rhy ifanc i yrru, ac roedd rhaid i fi fynd ar **drafnidiaeth** gyhoeddus. Doedd neb o'r teulu'n hoffi mynd â'r car yn bell chwaith. Ond roedd y gêm nesaf yn Nhregaron, Ceredigion, lle roedd y tîm lleol yn chwarae Nantgaredig, pentref ger Caerfyrddin.

Sut ro'n i'n mynd i gyrraedd yno felly? Dywedodd Alun West y dylwn i ofyn i glwb Nantgaredig am lifft ar eu bws nhw. A dyna ddigwyddodd. Collodd Tregaron o 6 i 9 ond pan ddaeth hi'n amser i Nantgaredig fynd adre, gwaeddodd Cadeirydd Tregaron, "Nigel, wyt ti'n barod? Mae'r bws yn mynd mewn dwy funud!" Es i fel y gwynt am y bws ac wrth i ni adael maes parcio'r clwb, dw i'n cofio **rhes** o fois Tregaron yn y ffenest yn edrych yn **grac** ac yn pwyntio bys yn gas ata i.

Weithiau, roedd Wncwl Ken yn mynd â fi yn ei gar pan do'n i ddim yn dyfarnu ar bwys gartref. Yn wir, heblaw am Wncwl Ken faswn i ddim wedi gallu cyrraedd pob gêm yn ystod y tymor cyntaf hwnnw.

---

trafnidiaeth – *transport*   **rhes** – *row, line*

crac – *angry*

Chwaraewyr cegog

Pan ddechreuais i ddyfarnu, roedd llawer o **hen bennau**, wedi gweld eu dyddiau gorau fel chwaraewyr, yn chwarae i ail dimau'r clybiau lleol. Roedd y bois hyn yn mwynhau rhoi amser caled i fi, y dyfarnwr ifanc. Ro'n nhw'n gegog, yn **cwestiynu** fy mhenderfyniadau i. Felly, roedd y gwaith dyfarnu yn ddiflas weithiau. Ond dysgais i taw'r ffordd orau oedd bod yn **llym** wrth y bois hynny. Ro'n i'n eu **cosbi** nhw pan o'n nhw'n dechrau bod yn gegog. O hynny ymlaen, mwynheais i'r dyfarnu. Bydda i'n gwneud hynny hyd yn oed heddiw pan fydda i'n dyfarnu, does dim ots pa mor enwog yw'r chwaraewr cegog.

Dw i'n cofio dyfarnu gêm unwaith lan yng Nglyn-nedd. Ro'n nhw'n chwarae yn erbyn Cydweli. Roedd ambell hen ben yn y ddau dîm, ond roedd un dyn oedd yn chwarae yn y **rheng ôl** i Lyn-nedd wedi bod yn rhoi amser caled i fi drwy'r gêm. Roedd e'n gwneud hyn achos fy mod i'n ifanc, siŵr o fod – ro'n i tua 22 oed ar y pryd. Roedd Glyn-nedd ar y blaen o ryw ddau bwynt, a'r chwaraewr yn gofyn bron bob munud, "How much time, ref?" neu "Time, ref?" a phwyntio at ei **arddwrn**. Do'n i ddim eisiau ei gosbi fe – basai hynny yn llym; roedd y sgôr mor agos a dim ond rhyw bum munud i fynd. Felly penderfynais i, reit, os ydy hwn yn gofyn unwaith eto, bydd rhaid cau ei geg e. Cyn y

cegog – *mouthy*	**hen ben(nau)** – *old stager(s)*
cwestiynu – *to question*	**llym** – *strict*
cosbi – *to punish*	**rheng ôl** – *back row (rugby)*
arddwrn – *wrist*	

sgrym nesa, gwaeddodd gan bwyntio at ei arddwrn, "Time, ref? Ref, man, time?" ac atebais i'n cŵl reit, "Five to four, mate!"

A dechreuodd y ddau dîm chwerthin.

"Very funny," dwedodd y chwaraewr a dwedodd chwaraewr arall o'r un tîm,

"Well, he is on *Noson Lawen!*"

Dw i'n dal i ddefnyddio'r ateb hwnnw hyd heddiw, hyd yn oed mewn gemau pwysig. Mae'n dal i wneud i'r chwaraewyr wenu!

Gair o gyngor i ddyfarnwr ifanc

Pan o'n i tua deunaw mlwydd oed, ro'n i'n dyfarnu gêm ym Maes-yr-Yrfa ac roedd crwt o'r enw Richard Lewis yn nhîm yr ysgol. Roedd ei dad, Humphrey, yn arfer chwarae i Lanelli ac ar y diwrnod arbennig hwn roedd e ar yr **ystlys** yn gwylio ei fab. Rhoddodd e gyngor **gwerthfawr** i fi ar ôl y gêm. Roedd ychydig bach o ymladd yn ystod y chwarae, felly rhoddais i **ddarlith** i'r dynion oedd yn gyfrifol. Dwedodd Humphrey hyn wrtha i: "Pan o'n i'n arfer chwarae, os o'n i wedi **gwneud rhywbeth o'i le**, ro'n i'n parchu dyfarnwr yn llawer mwy os oedd e'n dod ata i i gael gair bach tawel, yn lle rhoi darlith gyhoeddus." Dw i wedi trio cofio'r geiriau ers hynny, achos mae'n gwneud llawer o **synnwyr**.

Cyngor arall ges i, gan Eldon Lewis, brawd Humphrey, oedd ei bod hi'n well peidio â chadw'r **chwiban** yn rhy agos at fy **ngwefusau**. Mae hi'n well gadael i'r chwarae fynd yn ei flaen yn aml iawn. Dw i'n dal y chwiban yn weddol isel er mwyn peidio chwythu, heb feddwl yn gyntaf.

Mae hi'n bwysig i ddyfarnwr wrando ar **gyn-chwaraewyr**.

cyngor – *advice*	**ystlys** – *touchline*
gwerthfawr – *valuable, precious*	**darlith** – *lecture*
gwneud rhywbeth o'i le – *to do something wrong*	
synnwyr – *sense*	**chwiban** – *whistle*
gwefus(au) – *lip(s)*	
cyn-chwaraewr (chwaraewyr) – *former player(s)*	

41

Pan o'n i'n dechrau dyfarnu, dysgais i lawer am beth oedd yn digwydd yn y **rheng flaen** trwy siarad ag ambell hen brop neu **fachwr**. Ro'n nhw'n gallu dweud wrtha i beth i chwilio amdano er mwyn penderfynu pwy oedd wedi tynnu sgrym i lawr. Felly, dw i bob amser wedi trio mynd am beint i'r clwb ar ôl gêm i drafod â'r hen chwaraewyr. Hyd yn oed ar y lefel uchaf, mae dyfarnwyr yn gallu dysgu wrth siarad â chyn-chwaraewyr. Rai blynyddoedd yn ôl, ges i sesiwn un i un gyda Robin McBryde. Dysgais i lawer am **gyfrinachau**'r rheng flaen!

---

rheng flaen – *front row (rugby)*   **bachwr** – *hooker*

cyfrinach(au) – *secret(s)*

Crysau dyfarnu

Pan ddechreuais i ddyfarnu, dim ond un crys oedd gyda fi, un melyn, replica o grys tîm rygbi Awstralia. Wedyn, ar ôl rhyw flwyddyn neu ddwy, prynais i grys gwyrdd. Ro'n i'n cael rhoi bathodyn swyddogol Cymdeithas Dyfarnwyr Rygbi Cymru arno. Ro'n i'n falch iawn o'r crys hwnnw. Hwn oedd y crys ro'n i'n ei wisgo fel arfer. Ond rhag ofn taw crysau gwyrdd oedd gydag un o'r timau, ro'n i wastad yn cario'r crys melyn yn y bag.

Un tro ro'n i'n dyfarnu ail dîm y Betws yn erbyn ail dîm Nantgaredig, ac roedd un tîm yn chwarae mewn crysau gwyrdd a'r llall mewn crysau melyn. Roedd rhaid meddwl am ateb cyflym iawn. Daeth un o aelodau clwb y Betws i helpu. Yn y clwb, mewn cas gwydr ar y wal, roedd crys Cymru o dan 19 oed un o chwaraewyr y clwb, Arwyn Thomas. Felly, daeth y crys mas o'r cas i fi ei wisgo i ddyfarnu'r gêm. Chwarae teg iddyn nhw! Ers hynny, dw i wedi gwneud yn siŵr fy mod i'n gwybod cyn y gêm pa liwiau yw crysau'r ddau dîm.

Erbyn hyn mae dewis mawr o ddillad dyfarnu gyda fi, achos bod rhaid gwisgo dillad gwahanol yn y gwahanol gystadlaethau a chynghreiriau. Mae logo'r **noddwyr** yn cael lle **amlwg**, wrth gwrs.

Mae angen cael cwpwrdd eitha mawr i ddal yr holl ddillad. Ond dw i ddim yn cadw'r hen rai. Fel arfer dw i'n eu rhoi nhw i'r bois ifanc sy'n dyfarnu yn Rhanbarth Llanelli neu i ffrindiau yng Nghlwb Rygbi Pontyberem. Bob hyn a hyn hefyd, mae

---

noddwr (noddwyr) – *sponsor(s)* **amlwg** – *clear, prominent*

pobl yn gofyn i fi roi crys wedi'i **lofnodi** at ryw **achos da**, rhai'n **ymwneud â** rygbi a rhai eraill ar gyfer **elusen**.

Dw i'n trio bod yn ofalus wrth baratoi'r cit ar gyfer gêm. Ond mae'n hawdd anghofio rhywbeth weithiau. Pan gyrhaeddais i'r ystafell newid ym Marseille i redeg yr ystlys yn y **gêm gynderfynol** rhwng Lloegr ac Awstralia yng Nghwpan y Byd 2007, ro'n i wedi gadael fy esgidiau ar ôl yn y gwesty ym Mharis. Trwy lwc, roedd esgidiau gyda Marius Jonker, y dyfarnwr o Dde Affrica, felly ges i fenthyg ei esgidiau e. Ond roedd e'n gwisgo maint 12 a finnau'n gwisgo maint 9. Felly es i i'r cae yn gwisgo tri phâr o sanau a llwyth o bapur wedi ei stwffio i mewn i'r esgidiau.

I wneud pethau'n waeth, roedd hi'n dwym iawn y diwrnod hwnnw. Felly, doedd esgidiau Marius ddim yn **arogli**'n dda iawn pan gaeth e nhw'n ôl!

---

llofnodi – *to sign*	**achos da** – *good cause*
ymwneud â – *to do with*	**elusen** – *charity*
gêm gynderfynol – *semi-final*	**arogli** – *to smell*

Dechrau dringo'r ysgol ddyfarnu

Ar ôl bod ar y cwrs dyfarnu, yn 20 oed, ges i **ddyrchafiad** i fod yn ddyfarnwr gydag Undeb Rygbi Gorllewin Cymru. Felly, ro'n i'n cael dyfarnu gemau rhwng y clybiau oedd yn chwarae yn **adrannau** isaf yr Undeb.

Mae dyfarnwyr yn gallu dringo o **ris** i ris yn system yr Undeb, os 'dyn nhw'n ddigon da, cyn cyrraedd y top. Ro'n i'n symud o fod yn ddyfarnwr gyda Rhanbarth Llanelli i Ddosbarth 4, ar ôl cael prawf gyda'r Undeb. Y camau nesa fasai symud o Ddosbarth 4 i Ddosbarth 3, 2, ac yna 1. Mae'r dyfarnwyr sy'n cyrraedd y dosbarth uchaf yn cael dyfarnu gemau yn Adran Gyntaf yr Undeb. Y dosbarth nesaf wedyn yw'r 'Premier'. Yma dych chi'n cael dyfarnu gemau yn y Brif Adran ac yng Nghystadleuaeth y Pro 14. Yna, reit ar y **brig**, mae'r dyfarnwyr sydd ar banel Undeb Rygbi Cymru. Maen nhw'n cael dyfarnu gemau **rhyngwladol** a gemau Cwpan Undeb Rygbi Cymru.

Wrth ddringo'r ysgol, dysgais i sawl gwers bwysig. Roedd rhai ohonyn nhw'n eitha doniol. Dw i'n cofio dyfarnu gêm gwpan leol yn Resolfen rhwng y tîm cartref a Blaendulais. Aeth pethau'n eitha da ond roedd rhaid i fi roi carden felen i Darren Davies, **blaenasgellwr** Resolfen, a'i hala i'r **gell cosb** am ddeg munud.

dyrchafiad – *promotion*	**adran(nau)** – *division(s)*
gris – *step*	**brig** – *top, summit*
rhyngwladol – *international*	**blaenasgellwr** – *flanker*
cell cosb – *sin-bin*	

Roedd rhaid i'r dyfarnwr roi gwybod i'r Undeb pwy oedd yn mynd i'r gell cosb. Os oedd chwaraewr yn cael tair carden felen mewn tymor, doedd e ddim yn cael chwarae am dipyn. Felly, roedd rhaid gofyn i'r chwaraewr beth oedd ei enw. Un tro, dangosais garden felen i un o chwaraewyr Aberpennar a gofyn iddo beth oedd ei enw. Ei ateb oedd, "Mickey F...ing Mouse"!

Felly, ro'n i bob amser yn gofyn i'r chwaraewr am ei enw *cyn* dangos carden iddo neu'n ysgrifennu rhif ei grys. Wedyn, ar ddiwedd y gêm, ro'n i'n mynd i edrych ar y rhestr swyddogol a gweld beth oedd enw'r chwaraewr. Y tro hwn, es i'n ôl i'r ystafell newid ond doedd dim rhestr chwaraewyr yno.

Ar ôl cyrraedd adre, ffoniais i Glwb Resolfen a gofyn am gael siarad â'r **ysgrifennydd**. Doedd dim pwynt gofyn am enw'r **'troseddwr'** achos basai wedi **gwrthod**. Felly, dyma'r sgwrs ges i â'r ysgrifennydd:

"Hello, it's Mark Orders here from the *South Wales Evening Post*."

"Hiya, Mark, how are you?"

"Fine, thanks. Can you confirm the score of the game today for me?"

"We won 15-9," a dwedodd e pwy oedd wedi sgorio.

"I believe there was a yellow card?"

"Yes, Darren Davies got sin-binned."

"Right, thanks very much. Oh, by the way, what was the ref like?"

"F...ing useless!" oedd yr ateb.

Dw i ddim wedi gofyn i neb mewn clwb rygbi am eu barn nhw am y dyfarnu ers hynny!

---

ysgrifennydd – *secretary*   **troseddwr** – *offender*
gwrthod – *to refuse*

Siarad Cymraeg ar y cae

Dw i wedi clywed bod rhai pobl ddim yn hapus fy mod i'n siarad Cymraeg ar y cae. Dros y blynyddoedd dw i wedi siarad Cymraeg â bois fel Stephen Jones, Dwayne Peel, Shane Williams, Jamie Roberts a Rhys Priestland. Dw i ddim yn trio gwneud pwynt wrth siarad Cymraeg â nhw. Dw i'n siarad Cymraeg achos bod hynny'n naturiol i fi. Os oes rhaid i chwaraewyr eraill ddeall hefyd, dw i'n siarad Saesneg. Dw i'n falch iawn o'r iaith a dw i'n siarad Cymraeg bob cyfle – yng Nghymru neu unrhyw le yn y byd. Dw i'n casáu clywed pobl sy'n Gymry Cymraeg rhugl yn siarad Saesneg â'i gilydd.

Un tro, ro'n i'n dyfarnu un o gemau **Caerlŷr**, gyda Mefin Davies yn chwarae fel bachwr i'r tîm. Ni'n dau oedd yr unig Gymry Cymraeg ar y cae ond siaradais i Gymraeg ag e drwy'r gêm. Roedd y chwaraewyr eraill yn edrych yn **hurt** arnon ni!

Caerlŷr – *Leicester*   **hurt** – *stupid*

Hiwmor ar y cae

Dw i'n credu'n gryf mewn defnyddio hiwmor ar y cae. Weithiau mae'n gallu cael gwared ar lawer o **densiwn**. Dw i'n cofio dyfarnu ym Mhencampwriaeth **Saith Bob Ochr** y Byd, yn Hong Kong. Yn un o'r gemau roedd **mewnwr yr Ariannin** yn **achwyn** drwy'r amser. Ces i lond bola yn y diwedd. Galwais i fe draw ata i.

"Listen," dwedais i. "You've got two ears and one mouth. From now on, use them in that proportion!"

Er bod ychydig o hiwmor ar y cae yn bwysig, rhaid gwneud yn siŵr bod y balans yn iawn rhwng bod yn ddoniol a bod **o ddifri**. Weithiau, rhaid rhoi pryd o dafod i rywun am chwarae **brwnt**, nid dweud jôc!

tensiwn – *tension*	**saith bob ochr** – *seven-a-side*
mewnwr – *inside half (no. 9)*	**yr Ariannin** – *Argentina*
achwyn – *to complain*	**o ddifri** – *serious, seriously*
brwnt – *dirty*	

Cefnogwyr cas

Fel arfer dw i ddim yn poeni os yw'r dorf yn **cynhyrfu** ar ôl i fi wneud penderfyniad. Ond dw i'n poeni mewn rhai llefydd, yn enwedig yn Ffrainc ac yn Ne Affrica.

Yn aml yn Ffrainc, rhaid cerdded i'r cae trwy ryw fath o **gaets** metel achos bod rhai cefnogwyr yn **poeri** neu'n taflu poteli. Dw i'n cofio un tro yn Auch, yn Ffrainc, roedd y tîm cartref wedi colli, ac ro'n i wedi hala un o'r chwaraewyr o'r cae hefyd. Roedd tua dau gant o Ffrancwyr gwyllt yn aros amdana i a'r llumanwyr, tu fas i'r ystafell newid. Roedd rhaid i ddau *gendarme* fynd â ni mas drwy'r drws cefn ac aethon ni'n ôl i'r gwesty mewn tacsi. Wedyn, gaethon ni gyngor i aros yn y gwesty a pheidio mynd i'r cinio swyddogol y noson honno.

---

cynhyrfu – *to get excited*   **caets** – *cage*
poeri – *to spit*

Bod yn onest ac yn deg

Mae'r hen **ddihareb** yn eitha gwir, '**Heb ei fai, heb ei eni**'. Ond galla i ddweud, â llaw ar fy nghalon, fy mod i erioed wedi meddwl bod yn **anonest** neu **ffafrio** un tîm dros y llall.

Tasai rhaid i fi ddyfarnu gêm Cymru yn erbyn Lloegr fory, baswn i'n dyfarnu'r ddau dîm yn union yr un peth, ac yn **trin** pob chwaraewr ar y cae yr un peth. Mae fy mam a fy nhad wedi fy magu i fod yn **serchus**, yn **gwrtais** ac yn onest. Mae hynny wedi bod yn bwysig i fi erioed. Hoffwn i feddwl bod pawb yn credu bod Nigel Owens yn ddyfarnwr teg a gonest bob amser.

---

dihareb – *proverb*

Heb ei fai, heb ei eni – *He who has no faults is not born*

anonest – *dishonest*   **ffafrio** – *to favour*

trin – *to treat*   **serchus** – *pleasant*

cwrtais – *polite*

Dyfarnu'n llawn-amser

Ym mis Rhagfyr 2001 gwnes i benderfyniad anodd. Gadewais i swydd y technegydd ac Ysgol Maes-yr-Yrfa a mynd yn ddyfarnwr llawn-amser. Ro'n i wedi bod yn yr ysgol ers un deg wyth o flynyddoedd i gyd. Roedd llawer o'r staff yn dweud wrtha i am **fynd amdani**. Fel technegydd ro'n i'n ennill tua £12,000 y flwyddyn, ond fel dyfarnwr proffesiynol, basai cyfle i fi ennill o leiaf bedair gwaith yn fwy.

Ro'n i'n cael fy nhalu am bob gêm ro'n i'n ei dyfarnu. Hefyd ro'n i wedi cael **cytundeb** gan Undeb Rygbi Cymru am ddwy flynedd i ddechrau. Mae rhai dyfarnwyr yn cadw eu swyddi ac yn dyfarnu'n rhan-amser. Ond mae bywyd yn haws os dych chi'n ddyfarnwr cwbl broffesiynol. Does dim pwysau i adael y gwaith bob dydd a mynd i ddyfarnu, neu deithio i wlad arall. Hefyd, does dim angen mynd yn syth o'r cae rygbi am adre er mwyn bod yn y gwaith erbyn amser arbennig.

---

mynd amdani – *to go for it*   **cytundeb** – *contract*

Cadw'n heini

Rheswm arall dros fynd yn broffesiynol oedd y baswn i'n cael mwy o amser i gadw'n heini, er mwyn dyfarnu ar y lefel uchaf. Ro'n i wedi bod yn gwneud amser i gadw'n heini.

Pan o'n i'n gweithio fel technegydd yn Ysgol Maes-yr-Yrfa, ro'n i'n rhedeg ac yn mynd i'r gampfa yn gyson. Ond nawr, roedd mwy o amser i wneud hynny. Ro'n i'n mynd i sesiynau ffitrwydd arbennig yng Ngwesty'r Vale ac roedd gen i raglen cadw'n heini **unigol**.

Roedd cadw'n heini'n broblem i fi am gyfnod yn y gorffennol. **Ar un adeg** ro'n i'n pwyso 15 stôn – ro'n i'n hoffi bwyd! Penderfynais i fod yn rhaid i fi golli pwysau. Ond do'n i ddim yn barod i fynd ar ddeiet neu fwyta'n **gall**. Ro'n i eisiau bwyta llawer. Felly, dewisais i ffordd hurt o golli pwysau – bwyta a bwyta, ac yna gwneud fy hunan yn dost.

Ro'n i'n **dioddef** o bwlimia.

Wrth gwrs, ar y pryd, do'n i ddim yn **cydnabod** fy mod i'n gwneud drwg i'r corff ac i'r meddwl. Diolch byth, gwelais i hynny yn y diwedd. Dw i'n mwynhau fy mwyd o hyd, ond nawr dw i'n gallu rheoli fy mhwysau mewn ffyrdd gwahanol.

heini – *fit*	**unigol** – *individual*
ar un adeg – *at one time*	**call** – *sensible*
dioddef – *to suffer*	**cydnabod** – *to acknowledge*

Penderfyniad anodd

Roedd penderfynu troi'n ddyfarnwr proffesiynol yn anodd.

Yn gyntaf, ro'n i'n poeni achos baswn i'n gweld eisiau cwmni pobl yn yr ysgol.

Yn ail, ro'n i'n troi gwaith amser hamdden yn swydd lawn-amser, a do'n i ddim yn siŵr am hynny.

Yn drydydd, dw i'n berson sy'n hoffi i bethau aros yr un peth. Mae'n anodd i fi werthu hen gar, **er enghraifft**. Do'n i ddim eisiau symud i rywle fel Caerdydd. Basai hynny wedi gwneud synnwyr, yn enwedig achos bod rhaid teithio llawer. Hefyd, basai wedi bod yn haws i fi 'ddod mas' a dweud fy mod i'n hoyw taswn i'n byw yng Nghaerdydd.

Ond penderfynais i aros yn fy **milltir sgwâr**. Dw i ddim yn difaru. A dw i ddim yn difaru mynd yn ddyfarnwr rygbi proffesiynol.

Dyna'r peth gorau wnes i erioed.

---

er enghraifft – *for example*

milltir sgwâr – *square mile, immediate locality*

Mis Ebrill 1996

Roedd fy rhieni wedi cynhyrfu, wrth gwrs, pan welon nhw'r nodyn yn dweud fy mod i'n mynd i gymryd fy mywyd fy hunan yn ôl ym mis Ebrill 1996. Do'n nhw ddim yn gwybod ble i ddechrau chwilio amdana i. Yn y diwedd, roedd rhaid iddyn nhw ffonio'r heddlu.

Tua dwy awr ar ôl i fi adael y tŷ, gwelodd criw **hofrenydd** yr heddlu fi, yn gorwedd ar ben Mynydd Bancyddraenen. Es i i Ysbyty Glangwili. Tasai'r hofrenydd wedi cyrraedd hanner awr wedyn, baswn i wedi marw. Dw i ddim yn cofio cael fy **achub** o gwbl.

Arhosais i yn Ysbyty Glangwili am bedwar diwrnod. Roedd digon o amser i feddwl dros beth oedd wedi digwydd. Hefyd, roedd digon o amser i ddeall pa mor hurt ro'n i wedi bod.

Daeth ffrindiau ac aelodau o'r teulu i fy ngweld i drwy'r dydd a'r nos. Ro'n i'n teimlo'n **euog**, ond roedd hi'n hyfryd eu gweld nhw. Hefyd, ro'n nhw'n help mawr i Mam a 'Nhad ar adeg anodd iawn.

---

hofrenydd – *helicopter*   **achub** – *to save*

euog – *guilty*

Y tabledi steroid

Ro'n i wedi bod yn mynd i gampfa ar ôl colli pwysau – o 15 stôn i 11 stôn a hanner. Cyn hir, ro'n i'n edrych yn fwy iach ac yn fwy heini. Ond ro'n i eisiau cael mwy o gyhyrau. Dechreuais i ddefnyddio tabledi steroid. Dwedodd rhai o'r bois oedd yn defnyddio'r tabledi fod rhaid cymryd y tabledi am gyfnod, stopio, ac yna dechrau eto. Ond do'n i ddim eisiau stopio cymryd y tabledi. Am bum mlynedd, ro'n i'n dioddef **sgileffeithiau** drwg. Roedd rhaid tynnu **lwmpyn** ar fy mrest. Hefyd doedd dim amynedd gyda fi, ro'n i'n blino'n gyflym ac ro'n i'n methu cysgu. Do'n i ddim mor ffit achos fy mod i'n ôl lan i 15 stôn – ddim achos fy mod i'n dew, ond achos fy mod i'n fwy **cyhyrog**.

Y peth gwaethaf oedd, do'n i ddim yn hapus. Ar ôl rhai blynyddoedd ar y tabledi steroid ro'n i'n teimlo'n isel iawn. Dyna un **rheswm** pam ro'n i'n meddwl basai lladd fy hunan yn ateb. Ond, wrth gwrs, roedd rhywbeth arall yn fy mhoeni'n fawr...

Yn sicr, ro'n i wedi dod i sylweddoli bod cymryd tabledi steroid yn **beryglus**. Do'n i ddim yn mynd i gymryd mwy ohonyn nhw. Ro'n i'n teimlo'n ofnadwy am y boen ro'n i wedi ei rhoi i Mam a 'Nhad. Sylweddolais i pa mor werthfawr yw bywyd a pha mor bwysig yw teulu a ffrindiau da. Yn y diwedd, des i'n berson cryfach. Hefyd des i'n barod i wneud penderfyniad pwysig arall, rai blynyddoedd wedyn. Y penderfyniad hwn oedd 'dod mas' a dweud fy mod i'n hoyw.

---

sgileffaith (sgileffeithiau) – *side-effect(s)*

lwmpyn – *lump*	**cyhyrog** – *muscular*
rheswm – *reason*	**peryglus** – *dangerous*

Teimlo'n wahanol

Ers pan o'n i tua 17 neu 18 mlwydd oed, ro'n i'n gwybod bod rhywbeth yn wahanol amdana i. Ro'n i'n ffansïo merched bryd hynny. Ro'n i'n mynd mas gyda llawer o ferched. Ro'n i mewn perthynas gydag un ferch am flwyddyn. Er ei bod hi'n ferch hyfryd, ro'n i'n gwybod bod pethau ddim yn iawn.

Do'n i ddim yn hapus.

Pan o'n i'n 19 oed, bues i gyda bachgen hoyw arall am y tro cynta. Er bod y profiad yn naturiol i fi, ro'n i'n teimlo **cywilydd**. Felly, es i ddim gyda bachgen arall am sawl blwyddyn wedyn. Ond ro'n i'n mynd mas gyda merched, er bod hynny'n teimlo'n **annaturiol** i fi.

---

cywilydd – *shame*   **annaturiol** – *unnatural*

Mynd i glwb hoyw

Penderfynais i wneud rhywbeth am y **ffaith** taw gyda bechgyn ro'n i eisiau perthynas. Ro'n i wedi mynd i Abertawe gyda fy ffrindiau i ddawns fawr y Ffermwyr Ifanc. Soniodd fy ffrindiau am hanes un o'r bois oedd wedi mynd ar goll ryw flwyddyn. Fel jôc, roedd rhywun wedi ei hala fe i glwb lle roedd pobl hoyw'n cwrdd. Gofynnais i beth oedd enw'r clwb, a ches i ateb.

Y tro nesa ro'n i a fy ffrindiau yn Abertawe, gwnes i'n siŵr fy mod i'n eu colli nhw. Felly, ges i gyfle i chwilio am y clwb hoyw, Champers.

Roedd cerdded i mewn ar fy mhen fy hunan, a phawb yn edrych arna i, yn brofiad rhyfedd iawn. Do'n i ddim yn gwybod beth i'w wneud na beth i'w ddweud. Felly es i lan at y bar i brynu rhywbeth i'w yfed, a daeth ambell un i siarad â fi. Wedyn es i ymlaen i glwb nos o'r enw y Palace.

Es i adre'r noson honno gan deimlo fy mod i wedi cymryd cam ymlaen. Ro'n i eisiau bod yn onest am y ffaith fy mod i'n hoyw. Ond pan holodd fy ffrindiau ble ro'n i wedi mynd y noson honno, dwedais i fy mod i wedi bod gyda merch o Townhill.

Dyna ddigwyddodd am flynyddoedd. Es i'n ôl i'r un clwb ond do'n i ddim eisiau i neb wybod.

Ond pan o'n i tua 22 oed, dwedais i wrth ferch, ffrind agos, fy mod i'n credu fy mod i'n hoyw. Gofynnais i iddi hi gadw'r gyfrinach. Yn wir, ddwedodd hi ddim gair wrth neb.

ffaith – *fact*

Ro'n i'n casáu'r teimladau, ond do'n i ddim yn gallu gwneud dim i'w newid nhw. Ro'n i wedi gobeithio y basen nhw'n **diflannu**.

Dw i'n cofio mynd i glwb hoyw un noson a gweld bachgen ro'n i'n ei nabod. Ro'n i'n gwybod ei fod e'n fy nabod i hefyd. Ro'n i'n **ofni** y basai e'n fy ngweld i ac yn dweud wrth bobl eraill. Felly, er fy mod i wedi talu £6 i fynd i mewn, fe wnes i adael y lle ar ôl deg munud.

Des i i ddeall wedyn fod pobl hoyw byth yn dweud wrth neb arall pwy maen nhw'n eu gweld mewn clybiau hoywon. Roedd hynny'n **rhyddhad** mawr i fi.

---

diflannu – *to disappear*   **ofni** – *to fear*

rhyddhad – *relief*

Profiad fel dyn hoyw – heb 'ddod mas'

Yn ystod yr wyth mlynedd nesa ges i sawl perthynas hoyw, un am tua blwyddyn. Ond do'n nhw byth yn gweithio mas yn iawn yn y diwedd. Y prif reswm oedd fy mod i'n ofni cael fy ngweld yng nghwmni bachgen arall.

Mae hi'n wahanol erbyn heddiw. Mae'n haws i berson 'ddod mas' achos y we ac achos bod pobl yn **derbyn** pobl hoyw nawr. Ond roedd hi'n wahanol pan o'n i'n ifanc. Mewn lle fel Mynyddcerrig, doedd neb yn gallu derbyn gweld dau ddyn neu ddau fachgen yn cerdded ar hyd y pentref mewn perthynas hoyw. Roedd pobl yn meddwl taw dim ond mewn llefydd fel siopau dillad merched, siopau trin gwallt neu'n gweithio ar awyren roedd dynion hoyw i'w gweld.

Ar ôl blynyddoedd o guddio ro'n i wedi penderfynu, yn 32 oed, fod rhaid i fi ddweud y gwir.

Roedd yr holl **dwyll** yn **effeithio** arna i.

---

derbyn – *to accept*   **twyll** – *deception*
effeithio – *to affect*

Dweud wrth y teulu a ffrindiau

Y cam cynta oedd dweud wrth Mam. Er ei bod hi'n teimlo ychydig yn siomedig, dwedodd hi fod y newyddion ddim yn hollol **annisgwyl** iddi hi. Roedd hi wedi meddwl falle fy mod i'n hoyw. Ond dwedodd hi hefyd ei bod hi'n bwysig i fi wybod bod dim byd yn newid. Roedd ymateb Mam yn **gysur** mawr i fi. Ond ro'n i'n gwybod y basai dweud wrth 'Nhad yn llawer mwy anodd. Felly, gofynnais i i Mam ddweud wrtho. Gwnaeth hi hynny ryw bythefnos wedyn.

Roedd 'Nhad yn eitha tawel am ryw fis ar ôl clywed. Roedd e'n dal i siarad â fi ond doedd e ddim fel tasai e'n gwybod beth i'w ddweud wrtha i. Dyw'r gair 'hoyw' ddim yn rhan o'i **eirfa** e a dyw e ddim wedi sôn wrtha i am y peth hyd heddiw. 'Dyn ni'n dal i fod yn ffrindiau mawr a bydd e'n dod gyda fi i weld ambell gêm rygbi.

Ar ôl dweud wrth Mam ar y dydd Iau, ffoniais i Robert Yeman, **rheolwr** dyfarnwyr Undeb Rygbi Cymru. Gofynnais i iddo fe a faswn i'n cael mynd i'w weld e. Ro'n i'n poeni y basai'r ffaith fy mod i wedi penderfynu 'dod mas' yn effeithio ar fy ngwaith i fel dyfarnwr. Yn ei farn e, doedd e ddim yn mynd i wneud dim gwahaniaeth. Dwedodd e wrth **uwch-swyddogion** yr Undeb ar y pryd. Daeth ateb oddi wrthyn nhw, yn dweud yr un peth.

annisgwyl – *unexpected*	**cysur** – *comfort*
geirfa – *vocabulary*	**rheolwr** – *director*
uwch-swyddog(ion) – *senior officer(s)*	

Y cam nesaf oedd hala tecst ar y dydd Sadwrn at fy ffrindiau lleol i gyd. Ges i ateb gan bob un ohonyn nhw, ond un. Ro'n nhw'n dweud bod popeth yr un peth a'u bod nhw'n ffrindiau o hyd. Dyna pam y penderfynais i aros yn fy milltir sgwâr ar ôl dweud wrth bawb, yn lle mynd i fyw i rywle fel Caerdydd.

Does neb, dim un chwaraewr na swyddog yn y byd rygbi, wedi dweud dim byd cas am y ffaith fy mod i'n hoyw. Dw i'n dod ymlaen yn dda gyda chwaraewyr oddi ar y cae a does neb wedi ymateb yn wahanol ers i fi 'ddod mas'.

Gay whistle-blower quick with a quip

Welsh referee an original who moonlights as a stand-up comedian and singer

BY STUART DYE

THE man in the middle faces his toughest test at Eden Park tonight as he enters the cauldron of an All Blacks vs Wallabies match.

Welshman Nigel Owens is relatively inexperienced, having held the whistle for only five internationals, including Japan against Ireland and England versus Italy in the Six Nations.

But those matches are unlikely to compare with the atmosphere of tonight's crucial Bledisloe Cup and Tri-Nations decider.

The 35-year-old declined an interview as he was unable to clear it with his International Rugby Board bosses yesterday. "I don't want it to be my first and last [Tri-Nations]," he said. But there is every chance his col-

ourful and unconventional background will stand him in good stead for a match sure to be awash with controversy.

In his spare time, Owens — a professional referee for five years — is a stand-up comedian and singer. He is a regular on television in Wales too. He is also the game's only openly gay professional referee.

Owens told a Welsh newspaper earlier this year he had contemplated suicide while struggling with his sexuality.

But the support of his family and his sense of humour — got him through. "I might get someone shout something about me being a 'bent ref' but they usually realise what they've said and go 'Oh sorry Nige, didn't mean it like that'," he said.

He also spoke of the difficulty of being homosexual in a sport with such macho traditions. "It's such a big taboo to be gay in my line of work I

> **This is what it's all about, I'm going to enjoy every moment.**
> NIGEL OWENS

had to think hard about it [coming out] because I didn't want to jeopardise my career."

It seems that decision has done nothing to hinder his career with Owens selected as the only Welsh referee for the World Cup in France in

September.

But before that he faces his biggest challenge so far in his refereeing life tonight. In an interview with Super14.com, he said he was relishing the thought. "There will be pressure to perform and I'll be thinking during the anthems 'This is what it's all about, I'm going to enjoy every moment'."

The experience in stand-up comedy could come in useful in a fixture where tempers are bound to flare up. Refereeing at the Hong Kong Sevens in 2005, Owens told an argumentative Argentinian player: "You have two ears and one mouth — use them in proportion."

And if the occasion threatens to overwhelm him tonight, the Herald has some advice — watch for Aussie backs offside.

HUMOUR: Nigel Owens knows how to laugh. PICTURE / GETTY IMAGES

Ymateb y cyfryngau

Ges i sioc, achos doedd dim byd ar y cyfryngau am y ffaith fy mod i wedi 'dod mas' tan tua 15 mis wedyn. Ro'n i wedi gwneud cyfweliad ar gyfer y rhaglen *Scrum Five* ar Radio Wales, cyn Cwpan y Byd yn 2007, am fod yn hoyw yn y byd rygbi. Cyn hynny do'n i ddim wedi siarad yn gyhoeddus am y peth. Roedd Robert Yeman eisiau gwneud yn siŵr bod dim byd negyddol yn y papurau newydd. Roedd e'n ofni y basai hynny'n effeithio ar fy mherfformiad i fel dyfarnwr. Ar y pryd, ro'n i wedi cael gwybod y baswn i'n dyfarnu'r gêm rhwng Seland Newydd ac Awstralia ar gyfer Cwpan Bledisloe ac y baswn i'n un o'r dyfarnwyr yng Nghwpan y Byd hefyd.

Ar ôl i fi wneud y cyfweliad, rhedodd y papur *Wales on Sunday* y stori. Roedd hi'n stori bositif iawn, **chwarae teg**. Ro'n nhw'n dweud eu bod nhw wedi siarad â fi am y peth, ond doedd hynny ddim yn wir. Ro'n nhw wedi codi'r stori o'r sgwrs radio. Wedyn cododd llawer o bapurau eraill y stori, o'r *Sun* i'r papurau lleol fel y *Carmarthen Journal*. Rhoddodd y *Journal* y stori ar y dudalen flaen.

Hefyd, pan o'n i'n dyfarnu yng Nghwpan y Byd 2007, rhedodd papur newydd *The Times* stori tudalen gyfan ar y bore cyn fy ngêm gynta i. Ro'n i wedi cytuno i'r **erthygl**. Roedd hi'n bositif iawn, yn dweud taw fi oedd yr unig berson hoyw i 'ddod mas' ym myd rygbi proffesiynol.

---

cyfryngau – *media*   **chwarae teg** – *fair play*
erthygl – *article*

Trio helpu

Dw i ddim eisiau cuddio tu ôl i'r problemau dw i wedi eu cael. Dw i'n gobeithio y galla i helpu pobl sydd â phroblemau tebyg.

Ges i e-bost un tro oddi wrth fachgen ifanc hoyw. Doedd e ddim yn gwybod sut i ddweud wrth ei rieni. Yn y gorffennol, ro'n nhw wedi **wfftio** pobl hoyw, ond wrth edrych ar *Noson Lawen* a *Jonathan* ar S4C, ro'n nhw wedi dod yn ffans i fi. Ro'n nhw wedi dod i dderbyn pobl hoyw. Felly, roedd hi'n haws i'r bachgen ddweud wrth ei rieni.

Roedd hi'n braf clywed fy mod i wedi gallu helpu.

wfftio – *to dismiss*

Ennill gwobr Stonewall

Ychydig ar ôl Cwpan y Byd 2007, enillais i Wobr Personoliaeth Chwaraeon Stonewall, sy'n gwneud llawer o waith da dros bobl hoyw. Ges i sioc fy mod i wedi ennill y wobr. Rheswm Stonewall oedd oherwydd fy mod i wedi 'dod mas' yn y byd rygbi *macho*. Dw i'n falch iawn o'r wobr.

Derbyn rhai pethau

Dw i'n credu'n ei bod hi'n bwysig bod dau riant yn magu plentyn, os yw hi'n bosibl. Felly, rhaid i fi dderbyn fy mod i ddim yn mynd i gael plant. Baswn i wrth fy modd yn cael plant, ond dyna ni. Ond mae teulu agos iawn gyda fi. Dw i'n **dad bedydd** i blant hefyd a dw i wrth fy modd gyda nhw.

tad bedydd – *godfather*

Troi cefn ar bwlimia

Ro'n i'n llawer hapusach ar ôl dweud fy mod i'n hoyw a throi cefn ar y tabledi steroid. Ond roedd problem arall gyda fi – bwlimia. Roedd hi'n hawdd cuddio'r broblem. Ro'n i wedi bod yn dioddef o colitis ac roedd rhaid i fi redeg i'r tŷ bach weithiau. Felly, os o'n i'n mynd mas gyda ffrindiau, ro'n i'n dweud taw dyna pam ro'n i'n mynd i'r tŷ bach ar ôl bwyta.

Ond tua deng mlynedd yn ôl, gaethon ni'r newyddion fod Mam yn dioddef o ganser. Roedd rhaid iddi gael **triniaeth**. Hefyd, buodd Wncwl Ken farw'n sydyn. Roedd hyn yn ergyd fawr achos roedd e'n ddylanwad mawr ar fy mywyd i. Ro'n i'n meddwl y byd ohono fe.

Felly, penderfynais i fod rhaid i fi droi cefn ar bwlimia. Do'n i ddim yn gallu bwyta llond bola ac yna gwneud fy hunan yn dost wrth feddwl am Mam yn mynd drwy'r driniaeth. Yn anffodus, collon ni Mam – ergyd **enfawr** arall, wrth gwrs.

---

triniaeth – *treatment*   **enfawr** – *huge*

Newid agwedd

Ers y cyfnod hwnnw, mae fy **ngyrfa** i wedi mynd **o nerth i nerth**. Ond mae fy agwedd i wedi newid. Dw i'n gweld pethau'n wahanol. Dw i ddim yn poeni, fel mae rhai dyfarnwyr, os dw i'n colli rhywbeth sy'n digwydd ar y cae. Wrth gwrs, dw i'n **gwneud fy ngorau glas** bob amser, ond dyw hi ddim yn ddiwedd y byd os dw i ddim yn gweld chwaraewr yn **camsefyll** neu'n taro'r bêl ymlaen. A dweud y gwir, mae fy mherfformiadau i wedi gwella oherwydd taw agwedd fel yna sydd gyda fi.

agwedd – *attitude*	**gyrfa** – *career*

o nerth i nerth – *from strength to strength*

gwneud fy ngorau glas – *to do my very best*

camsefyll – *to be offside*

Dyfarnu gemau ar y lefel uchaf a'r lefel isaf

Mae pobl yn meddwl bod dyfarnu gemau ar y lefel uchaf yn fwy anodd na dyfarnu gemau ar y lefel isaf. Mae llawer o bwysau a thensiwn mewn gêm ryngwladol neu **rownd derfynol** y Cwpan. Ar ddiwedd gemau fel hynny, dw i wedi blino'n lân, yn **gorfforol** ac yn **feddyliol**. Hefyd, mae pwysau enfawr mewn gemau byw ar y teledu neu pan fydd stadiwm yn llawn. Weithiau, mae penderfyniadau'r dyfarnwr yn gallu penderfynu pa glwb fydd yn ennill neu'n colli miloedd o bunnoedd. Fel dyfarnwr, dim ond unwaith dw i'n gallu gweld beth sydd yn digwydd ar y cae fel arfer. Rhaid i fi wneud penderfyniad mewn eiliad, er bod llawer o gamerâu o gwmpas y cae a bod pawb yn gallu gweld sawl gwaith nawr beth sydd wedi digwydd. Ond maen nhw'n gallu **arafu**'r lluniau ar gyfer y penderfyniadau mwyaf pwysig.

Er mwyn trio gwneud y penderfyniadau cywir, rhaid i fi fod **yn y fan a'r lle**. Felly, rhaid i fi fod yn ffit yn gorfforol ac yn feddyliol.

Mae'r gemau ar y lefel uchaf yn gyflym iawn. Wrth gwrs, maen nhw'n gyflymach na'r gemau ar y lefelau isaf. Ond mae'n anodd dyfarnu gemau ar y lefel isaf hefyd. Mae'r dyfarnwr ar ei ben ei hun, heb lumanwyr a heb help **technegol**, dim ond wats a chwiban.

rownd derfynol – *final*	**corfforol** – *physical*
meddyliol – *mental*	**arafu** – *to slow down*
yn y fan a'r lle – *in exactly the right place*	
technegol – *technical*	

68

Y daith dramor gynta

Dw i'n cofio fy nhaith dramor gynta fel aelod o dîm dyfarnu. Aeth Huw Watkins, Derek Bevan a fi i Rovigo yn yr Eidal i ofalu am y gêm rhwng y tîm cartre a Bedford yng nghystadleuaeth Cwpan Heineken. Fi oedd y llumanwr **dibrofiad**, felly roedd rhaid i fi gario'r cas metel oedd yn dal y **baneri** a'r offer **cyfathrebu**. Wrth i fi gerdded mas o faes awyr Caerdydd ar y tarmac at yr awyren, chwaraeodd Huw a Derek jôc arna i. Halon nhw fi at awyren arall. Nawr, roedd y cas metel yn edrych yn debyg iawn i'r cas sydd gydag *assassins* proffesiynol. Yn sydyn, roedd dau ddyn **diogelwch** wedi mynd â fi'n ôl i mewn i'r adeilad, i holi beth ro'n i'n ei wneud. Roedd rhaid i fi eu perswadio nhw fy mod i'n **ddieuog**. Roedd Huw a Derek yn chwerthin, wrth gwrs.

Ar ôl cyrraedd Rovigo, gaethon ni groeso gwych. Daeth car swyddogol i fynd â ni i'r gwesty o'r maes awyr, ac yna i gael **gwledd** anhygoel mewn tŷ bwyta lleol. Bwyton ni o tua 8.30 tan wedi hanner nos, tua ugain cwrs i gyd. Y prif gwrs oedd **paun** – rhywbeth hollol newydd i fi. Yna, cyn mynd adre, aethon nhw â ni i siop pethau drud i brynu anrhegion i'n teuluoedd ni.

Yn y dyddiau hynny, roedd cystadlu yng Nghwpan Heineken yn newydd iawn i glwb fel Rovigo, felly ro'n nhw eisiau creu **argraff** dda. Rhaid dweud bod y croeso'n gynnes o hyd yno.

dibrofiad – *inexperienced*	**baner(i)** – *flag(s)*
cyfathrebu – *to communicate*	**diogelwch** – *security*
dieuog – *not guilty, innocent*	**gwledd** – *feast*
paun – *peacock*	**argraff** – *impression*

Paratoi at gêm

Ar gyfer y gemau mawr, bydda i'n gwneud yn siŵr fy mod i yno tua awr a hanner cyn i'r gêm ddechrau. Dw i'n ymlacio yn y gwesty cyn y gêm ac os dyw hi ddim yn dechrau tan amser te, dw i'n hoffi cael awr o **orffwys** yn y prynhawn. Dw i'n cael rhywbeth i'w fwyta am y tro olaf ryw dair awr cyn mynd i'r maes. Felly dw i'n cael brecwast hwyr os yw'r gêm yn y prynhawn, neu ginio ysgafn os yw'r gêm gyda'r nos.

Ond bob amser, fy mhryd bwyd i ar ddiwrnod y gêm yw brechdan wy wedi'i ffrio. Ro'n i'n bwyta'r frechdan hon cyn gemau pan o'n i'n byw gartref gyda Mam.

Ar ôl cyrraedd y stadiwm, dw i'n edrych ar y cae, yn tynnu'r dillad o'r bag, ac yn mynd i siarad â'r timau yn yr ystafelloedd newid, gyda'r ddau lumanwr fel arfer. Dw i bob amser yn siarad â'r ddwy reng flaen. Dw i'n mynd dros y rheolau yn y sgrym, rheolau sy'n gwneud yn siŵr fod pawb yn **ddiogel**.

---

gorffwys – *rest; to rest*   **diogel** – *safe*

Anafiadau

Trwy lwc, dw i ddim wedi colli llawer o gemau oherwydd anafiadau ers i fi droi'n broffesiynol. Ond dw i wedi dysgu ei bod hi'n well peidio dyfarnu os dw i'n teimlo'n dost.

Mae anafiadau i'r chwaraewyr ar y cae yn **hunllef** i ddyfarnwr, wrth gwrs. Ges i **ysgytwad** pan o'n i'n dyfarnu gêm i ddisgyblion dan 15 oed, rhwng tîm Mynydd Mawr a Gogledd Cymru. Ar ôl sgrym, sylwes i fod prop tîm Gogledd Cymru, bachgen o Fachynlleth, yn gorwedd yn llonydd ar y llawr. Ro'n i'n meddwl yn siŵr ei fod e wedi torri ei **wddwg**. Stopiais i'r gêm ac aeth e mewn ambiwlans i'r ysbyty.

Ysgrifennais i ato fe ychydig amser wedyn i ofyn sut oedd e. Ges i ateb yn ôl yn diolch am y llythyr ac yn dweud bod yr anaf ddim mor ddrwg ag roedd pawb wedi ofni. Yn wir, roedd e'n teimlo'n ddigon da i ddechrau meddwl am chwarae rygbi unwaith eto.

anaf(iadau) – *injury (injuries)*	**hunllef** – *nightmare*
ysgytwad – *shock (lit. shaking)*	**gwddw(g)** – *neck*

Technoleg dyfarnu

Mae'r system gyfathrebu yn soffistigedig nawr. Mae meicroffonau'n cysylltu'r dyfarnwr, y llumanwyr a'r dyfarnwr fideo. Ond, wrth gwrs, pan mae gêm ar y teledu, rhaid i'r dyfarnwr wisgo meicroffon arall er mwyn i bawb gartref glywed beth mae e'n ei ddweud. Mae hynny'n gallu bod yn beryglus os yw'r dyfarnwr, fel fi, yn **rhegi** weithiau!

rhegi – *to swear*

Dyfarnu gêm fyw ar y teledu am y tro cynta

Roedd Pontypridd yn chwarae Glasgow lan yn Heol Sardis un nos Sadwrn am chwech o'r gloch, ac roedd y gêm yn fyw ar S4C. Roedd y tywydd yn wael, felly ges i alwad ffôn am ddau o'r gloch, yn gofyn i fi fynd i edrych ar y cae. Roedd dŵr ar y cae, ond roedd yn ddiogel i chwarae arno fe.

Er mwyn gwneud yn siŵr, ges i olwg arall ar y cae am bump o'r gloch. Roedd pobl y teledu **ar bigau drain** – do'n nhw ddim eisiau i fi **ohirio**'r gêm, awr cyn y rhaglen. Hefyd, roedd tîm Glasgow wedi cyrraedd erbyn hynny. Roedd y glaw wedi stopio a'r tir yn drwm o hyd. Ond dwedais i ei bod hi'n bosib chwarae'r gêm.

Roedd y cae yn iawn am yr hanner cynta ond yn ystod yr egwyl, daeth cawod o gesair ofnadwy, a chododd y gwynt. Es i mas i'r cae cyn dechrau'r ail hanner; nid cae oedd e, ond llyn mawr! Roedd rhaid stopio'r gêm.

Felly, dyna ddiwedd fy ngêm gynta i fel dyfarnwr ar y teledu.

---

ar bigau drain – *on tenterhooks* **gohirio** – *to postpone*

Sioe *Jonathan*

Mae'r rhaglen *Jonathan* wedi rhoi proffil uchel i fi. A dweud y gwir, pan ddechreuodd y gyfres, roedd pobl yn fy adnabod i achos rhaglen *Jonathan*, nid achos fy mod i'n dyfarnu.

Daeth syniad y rhaglen yn wreiddiol o Seland Newydd – roedd rhaglen boblogaidd yn cael ei **darlledu** ar y noson cyn rhai o gemau pwysig y **Crysau Duon**. Jonathan Davies ei hunan **awgrymodd** fy enw i. Ar y dechrau, roedd Rowland Phillips ar y rhaglen ac Eleri Siôn, cyn i Sarra Elgan ddod yn ei lle hi.

'Dyn ni'n cael llawer o hwyl yn gwneud y rhaglen. Mae rhai pethau'n cael eu torri mas cyn i'r rhaglen fynd ar y sgrin, wrth gwrs. Falle taw dyna'r rhannau mwyaf doniol!

Un tro roedd rhaid i fi ddarllen y tywydd achos bod Siân Lloyd ar y rhaglen. Ac wrth gwrs, pan ddwedais i ei bod hi'n mynd i fwrw glaw, taflodd Rowland ddŵr drosta i. Pan ddwedais i ei bod hi'n mynd i fod yn wyntog hefyd, roedd ffan enfawr yn chwythu gwynt arna i. Ar y diwedd, roedd rhaid i fi ddweud, "Wel, wythnos nesa, mae'r tywydd yn mynd i fod yn **gachu**."

Gallwch chi **ddychmygu** beth ddigwyddodd wedyn... Wel, dim cweit, ond ges i siocled dros fy mhen a fy nillad i gyd!

---

darlledu – *to broadcast*

Crysau Duon – *All Blacks (New Zealand rugby team)*

awgrymu – *to suggest*   **cachu** – *shit*

dychmygu – *to imagine*

Wyneb cyfarwydd

Des i'n wyneb cyfarwydd oherwydd y rhaglen. Dw i'n cofio mynd ar *blind date* gyda rhywun yng Nghaerdydd. Dwedodd e ei fod e'n meddwl fy mod i'n edrych yn gyfarwydd, ond penderfynais i beidio rhoi fy enw iawn iddo fe. Y diwrnod wedyn, mae'n debyg, roedd e'n digwydd siarad â ffrind i fi. Dwedodd e wrth fy ffrind, "You'll never guess who I had a date with last night. It was Jonathan Davies!"

Dwedais i wrth fy ffrind ar unwaith am ddweud wrth y *date* taw fi oedd gyda fe, nid Jonathan. Pan ddwedais i'r stori wrth Jonathan, doedd e ddim yn hapus iawn!

A dweud y gwir, mae mwy nag un person yn meddwl bod Jonathan a fi'n debyg, neu'n ddau frawd hyd yn oed. Mae hynny'n hurt, achos mae fy **nhreigladau** i'n llawer gwell na'i dreigladau e! Cyn rhai gemau dw i'n eu dyfarnu, mae Sean Fitzpatrick, **cyn-fachwr** y Crysau Duon, yn hala tecst at Jonathan ac yn dweud, "Your brother is the referee again today!"

Mae hi'n rhyfedd faint o bobl sy'n dod ata i pan dw i mas yn mwynhau. Weithiau mae hynny'n gallu bod yn boen, ond fel arfer mae pobl yn dweud eu bod nhw'n hoffi beth dw i'n ei wneud, ac mae hynny'n braf, wrth gwrs! Mae rhai pobl yn gofyn am **lofnod** ac eraill, yn enwedig merched, eisiau cael tynnu llun gyda fi. Mae bois Pontyberem yn mynd yn grac pan dw i mas gyda nhw, achos bod dyn hoyw fel fi yn gallu **denu**'r merched smart!

cyfarwydd – *familiar*	**treiglad(au)** – *mutation(s)*
cyn-fachwr – *former hooker*	**llofnod** – *signature, autograph*
denu – *to attract*	

Dyfarnu gemau rhyngwladol

Dechreuais i ddyfarnu'n rhyngwladol drwy ddyfarnu gemau yng nghystadlaethau Cwpan y Byd dan 19 a dan 21 oed a gemau Saith Bob Ochr Cwpan y Byd. Uchafbwynt y cyfnod hwnnw, 2001–2005, oedd cystadleuaeth Saith Bob Ochr Cwpan y Byd yn Hong Kong. Dyfarnais i'r gêm gyffrous a **bythgofiadwy** rhwng Ffiji a Lloegr yn y rownd gynderfynol, gyda Ffiji'n ennill.

Ges i gyfle i deithio llawer i ddyfarnu cystadlaethau saith bob ochr. Treuliais i amser yn ymlacio mewn llefydd ardderchog fel Dubai a Hong Kong.

Dyfarnais i ddwy gêm ryngwladol yn yr Alban a Siapan yn 2005, ond wnes i ddim yn dda iawn. Roedd llawer ar fy meddwl i, a do'n i ddim yn gallu **canolbwyntio**. Felly, ges i wybod fy mod i ddim yn cael cyfle i ddyfarnu gemau'r hydref. Ond daeth cyfle annisgwyl, ac ym mis Rhagfyr 2005 es i i Buenos Aires i ddyfarnu'r gêm rhwng yr Ariannin a Gorllewin Samoa. Ges i farciau da am ddyfarnu'r gêm. Roedd hon yn gêm bwysig i fi achos ges i gyfle arall i ddringo'r ysgol ryngwladol i ddyfarnwyr.

Ym mis Hydref 2006 ges i ddyfarnu'r gêm fawr gynta yng Nghwpan Heineken rhwng Caerlŷr a Munster. Ers hynny, dw i wedi dyfarnu tair gêm derfynol Cwpan Heineken.

Yn 2007 ges i ddyfarnu un o'r gemau ym Mhencampwriaeth y **Chwe Gwlad** am y tro cynta – Lloegr yn erbyn yr Eidal yn Twickenham. Ro'n i'n gwybod bod y teulu wedi cael seddi da.

---

bythgofiadwy – *unforgettable*   **canolbwyntio** – *to concentrate*

Chwe Gwlad – *Six Nations*

Yn ystod yr anthemau, sylwais i fod 'Nhad yn eistedd bedair sedd oddi wrth Rob Andrew a'r **Tywysog** Harry.

Ar ôl y gêm, es i lan i'r bar at y teulu a gofyn i 'Nhad, "O't ti'n gwbod pwy oedd yn eistedd ar dy bwys di?"

"O'n, o'n," medde fe. "Ro'n i wedi'i nabod e."

"Pwy oedd e, 'te?" gofynnais i.

"Wel Rob Andrew, hen **faswr** Lloegr, a'i fab."

Roedd ei wyneb e'n **bictiwr** pan ddwedais i wrtho fe pwy oedd y 'mab'.

Roedd tymor 2006/07 yn llwyddiannus i fi, ond do'n i ddim yn meddwl y baswn i'n cael fy newis i ddyfarnu yng Nghwpan y Byd 2007. Dim ond 12 dyfarnwr oedd yn cael eu dewis. Dyfarnais i dair gêm i gyd – Georgia yn erbyn yr Ariannin yn Lyon, yr Alban yn erbyn Rwmania yn Murrayfield, a Ffiji ac Awstralia yn Montpellier.

Yn 2007, ro'n i'n siomedig achos ches i ddim cyfle i ddyfarnu gêm rhwng rhai o'r gwledydd cryfaf. Ond, yng Nghwpan Rygbi'r Byd yn 2011, dyfarnais i'r gêm rhwng Seland Newydd a'r Ariannin yn rownd yr wyth olaf, ac ro'n i'n **ddyfarnwr cynorthwyol** yn y ffeinal.

---

tywysog – *prince*   **maswr** – *outside half (no. 10)*

pictiwr – *picture*   **dyfarnwr cynorthwyol** – *assistant referee*

Uchafbwyntiau fy ngyrfa

Hyd yn hyn, uchafbwynt fy ngyrfa yw dyfarnu yn ffeinal Cwpan Rygbi'r Byd yn Twickenham yn 2015, rhwng Seland Newydd ac Awstralia. Fi oedd yr ail ddyfarnwr o Gymru i wneud hyn, ar ôl Derek Bevan yn 1991. Ges i fraint fawr hefyd yng Ngwobrau Rygbi'r Byd yn 2015 – Gwobr Dyfarnwyr Rygbi'r Byd.

Erbyn hyn, dw i wedi cyrraedd sawl **carreg filltir** bwysig. Dw i'n falch iawn o bopeth dw i wedi'i wneud. Ers 2016, fi yw'r dyfarnwr sydd wedi ennill y nifer mwyaf o gapiau. Ac yn 2017 cyrhaeddais i garreg filltir arall: dyfarnu 150 gêm yn y gystadleuaeth Pro 12.

hyd yn hyn – *so far*   **carreg filltir** – *milestone*

Problemau wrth deithio

Dw i'n mwynhau fy ngyrfa fel dyfarnwr proffesiynol rhyngwladol yn fawr iawn. Ond, fel pob gyrfa, siŵr o fod, dyw hi ddim **yn fêl i gyd**. Weithiau mae'r daith yn troi'n hunllef.

Yn 2002, ro'n i a'r dyfarnwr Nigel Whitehouse, a Huw Watkins, eisiau hedfan o Lundain i Moscow ar y prynhawn dydd Gwener er mwyn cyrraedd Moscow y noson honno. Roedd gêm rhwng Rwsia a Sbaen ar y prynhawn dydd Sadwrn. Gaethon ni drafferth cael y *visas* mewn pryd. Roedd rhaid gyrru'n wyllt mewn tacsi ar draws Llundain i gyrraedd yr awyren. Wedyn, ar ôl i ni eistedd ar yr awyren am ddwy awr achos bod weipar y ffenest flaen wedi torri, dwedon nhw fod y ffleit wedi cael ei chanslo.

Roedd rhaid i ni aros yn lolfa'r maes awyr a dal yr awyren nesa am un o'r gloch fore dydd Sadwrn. Pan lanion ni yn Moscow, gaeth Huw ei fwrw gan focs mawr a gwympodd allan o'r cwpwrdd bagiau yn yr awyren. Gaethon ni lifft i'r gwesty drwy'r eira. Cysgon ni am dair awr. Erbyn y bore, roedd hi wedi bwrw eira mor drwm, gaeth y gêm ei chanslo.

Aethon ni draw wedyn i'r **derbyniad** oedd i fod ar ôl y gêm. Dim ond dau o'r gloch y prynhawn oedd hi. A dim ond un ddiod oedd yno: fodca!

Ar ôl gorffwys ychydig yn y gwesty, penderfynodd Nigel, Huw a fi fynd am dro i weld y Sgwâr Coch enwog. Ond do'n ni ddim wedi mynd yn bell pan **lithrodd** Nigel ar yr eira a thorri ei goes. Roedd rhaid i fi ei gario fe'n ôl i'r gwesty ar fy

---

mêl – *honey (idiom: yn fêl i gyd – a bed of roses)*

derbyniad – *reception*　　　　**llithro** – *to slip*

nghefn. Yn y pen draw, teithion ni ddwy awr i gyrraedd yr ysbyty. Roedd y lle'n edrych fel Alcatraz. Ar ôl i Nigel gael plastar am ei goes, aethon ni'n ôl i Moscow i ddal yr awyren am ddeg o'r gloch fore dydd Sul. Ond achos bod Nigel wedi cael damwain, dwedodd y fenyw ar ddesg BA ei fod e ddim yn cael hedfan am 48 awr arall. Roedd rhaid i Nigel ddefnyddio ei sgiliau fel uwch-swyddog gyda'r heddlu i berswadio BA i newid eu meddwl!

Daeth llawer o bobl i wybod am y daith wnes i yn 2015 i ddyfarnu'r gêm rhwng Leinster a Zebre. Es i i Fryste i ddal awyren gynnar Ryanair i **Ddulyn**. Ond doedd dim pasbort gyda fi, dim ond **trwydded yrru**. Halais i decst at Ryanair i gwyno. Atebon nhw a dweud bod rhaid cael pasbort. Do'n i ddim yn cael hedfan.

Felly, hales i neges ar Twitter yn dweud bod rhaid i fi yrru adre i nôl y pasbort, er bod Aer Lingus yn gadael i bobl hedfan heb basbort. Ges i ateb gan Aer Lingus, yn cynnig sedd i fi ar ffleit o Fryste i Ddulyn y bore hwnnw. Felly, cyrhaeddais i'r gêm mewn pryd, diolch byth, a diolch i Twitter!

Dulyn – *Dublin*   **trwydded yrru** – *driving licence*

Y dyfodol

Dw i wedi dweud fy mod i eisiau dal ati i ddyfarnu rygbi rhyngwladol tan 2019. Dw i ddim yn siŵr beth hoffwn i ei wneud ar ôl hynny. Falle cael mwy o waith ar y cyfryngau – yn ogystal â rhaglen *Jonathan*, dw i wedi bod yn **gwisfeistr** ar y rhaglen *Munud i Fynd* ar S4C yn ddiweddar. Falle mwy o **annerch** cymdeithasau a **chiniawau**. Basai hi'n braf meddwl hefyd y gallwn i fynd yn ôl i ganu caneuon Cymraeg 'traddodiadol' gyda'r gitâr, ond basai rhaid i fi wella fy chwarae i wneud hynny. Mae un peth yn sicr – dw i wedi dysgu bod rhaid trio mwynhau pob eiliad yng nghwmni'r bobl sydd yn bwysig i fi, yn arbennig ffrindiau a'r teulu. Yn y pen draw mae mwy o werth i hynny nag i unrhyw gêm rygbi.

---

cwisfeistr – *quizmaster*   **annerch** – *to address, to make a speech*

cinio (ciniawau) – *dinner(s)*

Atodiad

Dros y byd

Un o fanteision bod yn ddyfarnwr rygbi proffesiynol yw fy mod i'n cael cyfle ac amser i ymweld â llefydd dros y byd drwy'r flwyddyn. Dw i'n mwynhau teithio'n fawr. Dw i'n sylweddoli pa mor lwcus ydw i – dw i'n cael gweld y byd a gwneud swydd dw i'n ei mwynhau.

Dyma fy marn i am rai o'r llefydd dw i wedi bod iddyn nhw. Weithiau mae fy **nhafod yn fy moch**, cofiwch!

Amsterdam

Es i i ddyfarnu cystadleuaeth Saith Bob Ochr y ddinas. Lle rhyfedd iawn – mae rhywbeth yma **at ddant** pawb. Welais i ddim tiwlip yn y ddinas, ond gwelais i sawl 'blodyn' yn eistedd mewn ffenest ac yn cynnig ei hunan am bris.

Auckland

Yma, dyfarnais i fy ngêm Tri Nations gyntaf rhwng Seland Newydd ac Awstralia yn 2007. Mae digon i'w wneud yn y ddinas ond doedd hi ddim fel canol Caerdydd pan fydd gêm rygbi.

Belfast

Dw i bob amser yn mwynhau dyfarnu yn Ravenhill, cartref tîm Ulster, achos bod **awyrgylch** ardderchog yma. Mae'r ddinas ei hunan yn **groesawgar** iawn. Dych chi'n gallu gweld hanes

---

tafod yn fy moch – *tongue-in-cheek*   **at ddant** – *to one's taste*

awyrgylch – *atmosphere*   **croesawgar** – *welcoming*

y gorffennol yno o hyd. Er bod y gorffennol yn drist, mae'n ddiddorol iawn.

Biarritz
Dyma un o fy hoff lefydd yn Ffrainc. Mae'n braf iawn yma bron drwy'r flwyddyn. Oherwydd bod y ddinas ar lan y môr, mae awyrgylch **hamddenol** bob amser.

Bloemfontein
Dim ond unwaith dw i wedi bod yma, ac roedd hynny'n ormod!

Buenos Aires
Un o'r dinasoedd mwyaf croesawgar a mwyaf prysur. Mae'r traffig yn wyllt! Mae'r bwyd yn **rhagorol** a'r prisiau'n rhad iawn. Ond ges i siom o weld cymaint o bobl dlawd yma. Y tu fas i'r ddinas mae rhai o'r golygfeydd pertaf yn y byd. Baswn i'n mynd yn ôl yma fory!

Caerdydd
Mae pob dyfarnwr drwy'r byd wrth ei fodd yn dyfarnu yn Stadiwm y Mileniwm (neu Stadiwm y Principality erbyn hyn). Mae **lleoliad** y stadiwm yn wych, yng nghanol y ddinas, ac mae'r awyrgylch yma yn **unigryw**. Dylen ni fod yn falch iawn o'n prifddinas.

Caeredin *(Edinburgh)*
Dinas hyfryd – mae cymeriad arbennig iddi. Mae'r castell ar

hamddenol – *leisurely*	**rhagorol** – *excellent*
lleoliad – *location*	**unigryw** – *unique*

ben y bryn yn creu golygfa fendigedig. Ond dyw'r haul byth yn gwenu pan dw i yno. Ges i Nos Galan fythgofiadwy yma gyda bois Pontyberem, ar ôl prynhawn ofnadwy o ddiflas yn dyfarnu Borders a Glasgow yn Galashiels.

Caerfaddon *(Bath)*
Un o'r trefi neisaf yn Lloegr. Dw i'n mwynhau dyfarnu yma achos bod y 'Rec' bob tro yn llawn ac mae'r awyrgylch yn braf.

Caerloyw *(Gloucester)*
Tref rygbi go iawn. Mae'r dorf yn y 'Shed' enwog yn swnllyd ac yn **unllygeidiog**. Pan dw i'n dyfarnu yma, dw i'n aros yn Cheltenham, sy'n dref lawer neisach.

Caerlŷr *(Leicester)*
Yn Stadiwm Heol Welford mae'r awyrgylch a'r rygbi gorau yn Lloegr ond dw i ddim yn hoffi'r ddinas.

Capetown
Un o fy hoff lefydd i yn y byd, a'r ddinas fwyaf diogel yn Ne Affrica. Profiad bythgofiadwy oedd gweld y **morfilod** oddi ar Cape Point ac ymweld ag Ynys Robben dan Table Mountain, lle gaeth Nelson Mandela ei **garcharu**.

Christchurch (Seland Newydd)
Mae llawer o sêr y Crysau Duon yn byw yma. Lle digon oer a diflas yn fy mhrofiad i.

---

unllygeidiog – *biased (lit. one-eyed)*　**morfil(od)** – *whale(s)*
carcharu – *to imprison*

Connecticut

Bues i yma am bum niwrnod – mwy na digon! Pobl **anghwrtais** ac **annymunol**. I gyrraedd yma roedd rhaid glanio ym maes awyr Los Angeles. Doedd staff L.A. ddim yn neis chwaith! Roedd rhaid glanio yma ar y ffordd i Seland Newydd hefyd, yn anffodus.

Coventry

Dw i'n deall pam mae Saeson yn dweud 'send to Coventry' am rywun 'dyn nhw ddim yn ei hoffi!

Dubai

Dw i wedi bod yma ar gyfer y gystadleuaeth Saith Bob Ochr enwog. Mae'r tywydd yn fendigedig, mae'r bobl yn gwrtais a'r strydoedd yn ddiogel. Does dim hawl i yfed alcohol ar y stryd nac mewn llefydd cyhoeddus, ond mae digon o westai a bariau. Os dych chi'n creu trwbwl fan hyn, byddwch chi'n cael eich hala i'r **carchar**!

Dulyn

Ro'n i'n siomedig pan es i yma gynta. Ro'n i'n edrych mlaen at fwynhau'r *craic* a chwmni'r cymeriadau **Gwyddelig** ond maen nhw wedi mynd yn **brin**. Mae'r ddinas yn enfawr erbyn hyn. Mae llawer o lefydd bwyd cyflym hefyd.

Edmonton

Mae'r ddinas ei hunan yn jyngl goncrit ond roedd y daith lan i'r Rockies yn fythgofiadwy.

anghwrtais – *rude*	**annymunol** – *unpleasant*
carchar – *prison*	**Gwyddelig** – *Irish*
prin – *rare*	

Galway

Dyma fy hoff dref yn Iwerddon, tref fach a **chartrefol** dros ben. Mae hi'n debyg iawn i Gaerfyrddin. Cartref tîm Connacht yw Galway ac ar ôl i gêm rygbi orffen, bydd milgwn yn rasio. Betiais i unwaith ar filgi o'r enw Red Rum, ond enillodd e ddim.

George

Cartref cystadleuaeth Saith Bob Ochr yr IRB yn Ne Affrica. Pentref bendigedig ar lan y môr, hanner ffordd rhwng Capetown a Port Elizabeth. Treuliais i sawl wythnos yma, yn mwynhau'r tywydd, y traeth a'r môr – profiad ffantastig.

Glasgow

Dinas braf sy'n ganolfan siopa ardderchog. Pan o'n i yma un tro, penderfynais i fynd draw i weld stadiwm Celtic. Neidiais i mewn i dacsi a gofyn, "Can you take me to Parkhead Stadium, please?" Stopiodd y gyrrwr a dweud, "No f...ing chance. Get out and walk! I'm a Rangers supporter!"

Hong Kong

Gormod o bobl, gormod o draffig a smog, ond awyrgylch gwych yn y stadiwm ar gyfer cystadleuaeth Saith Bob Ochr yr IRB. Yma hefyd ges i lawer o bleser yn dyfarnu rownd derfynol y gystadleuaeth Saith Bob Ochr rhwng Seland Newydd a Lloegr.

Johannesburg

Byddwch chi'n mwynhau yma os dych chi'n aros mewn ardal fel Sandton City, rhan ddiogel o'r ddinas. Mae prisiau rhad yn y siopau a'r bwyd yn fendigedig. Ond rhaid i chi fod yn ofalus

---

cartrefol – *homely*

mewn ardaloedd eraill. Weithiau dyw gyrwyr ddim yn stopio wrth oleuadau traffig coch rhag ofn iddyn nhw gael eu **mygio** yn y car. Gwelais i berson yn cael ei **saethu** ar y stryd pan oedd rhywun yn trio dwyn ei ffôn. Mae'n drist meddwl bod bywyd mor rhad â hynny.

Limerick
Dw i'n mwynhau dyfarnu yma a dw i'n cael croeso cynnes bob amser. Yn anffodus, mae hi'n cael ei nabod yn Iwerddon fel 'Stab City' erbyn hyn.

Llundain
Mae'n llawer rhy fawr i fi. Eto, mae digon i'w wneud yna bob amser, **sbo**.

Marseille
Bob tro dw i wedi bod ym Marseille mae'r awyrgylch yn y stadiwm wedi bod yn wych, a'r tywydd yn braf.

Montpellier
Y trydydd lle mwyaf dymunol i ddyfarnu yn Ffrainc ar ôl Biarritz a Marseille. Ardal hyfryd. Yma dyfarnais i fy ngêm gynta yng Nghwpan y Byd 2007 rhwng yr Ariannin a Georgia. Ges i adroddiad da iawn am y gêm honno, felly bydd y dref yma bob amser yn agos at fy nghalon i.

Moscow
Mae'r awyrgylch a'r bobl sy'n byw yma'n **ymddangos** yn oer

mygio – *to mug*	**saethu** – *to shoot*
sbo – *I suppose*	**ymddangos** – *to appear*

ac yn llwyd. Dw i'n cael yr argraff fod cyfrinachau a **dirgelion** yn rhan o fywyd y ddinas. Mae'r blynyddoedd tywyll o dan Stalin yma o hyd. Ond mewn rhyw ffordd od, dyna apêl y ddinas hefyd.

Paris

Treuliais i wyth wythnos yma yn ystod Cwpan y Byd 2007. Mae'r bwyd gorau yn y byd yn y ddinas hon. Mae golygfeydd fel Twr Eiffel a Notre Dame yn hollol wych. Ond, i fi, mae'n ddinas bertach yn y nos – mae'r strydoedd yn frwnt a'r traffig yn ofnadwy yn ystod y dydd.

Yma yn 2007 es i ar drên **tanddaearol** am y tro cynta yn fy mywyd ac es i ar goll. Dw i'n casáu'r Metro a dw i'n meddwl bod yr holl system yn ofnadwy, dim ots ym mha wlad. Dw i ddim yn credu bydda i'n mentro arno eto!

Perpignan

Lle bendigedig a phobl groesawgar iawn. Ond dw i ddim yn hoffi dyfarnu yma os yw'r tîm cartref yn colli. Mae'r awyrgylch yn unigryw ac yma mae'r cefnogwyr mwyaf **tanbaid** yn Ffrainc.

Pretoria

Os ewch chi i Dde Affrica, peidiwch â mynd yma! Dyw hi ddim yn saff mynd i unman ar eich pen eich hunan. Pan o'n i yma, gwelais i sawl person yn cael ei fygio.

Rhufain *(Rome)*

Mae'n llawn hanes diddorol; dw i'n mwynhau dod yma. Mae'n

---

dirgelwch (dirgelion) – *mystery (mysteries)*

tanddaearol – *underground*   **tanbaid** – *fiery*

---

gyffrous ymweld â'r Fatican neu fynd i'r man lle gaeth Iwl Cesar ei **lofruddio**. Ond mae'n ddinas ddrud.

Santiago

Prifddinas Chile – mae'n ddigon croesawgar. Mae'r cae rygbi rhyngwladol wrth draed yr Andes ac mae'r lleoliad yn hardd iawn.

Toronto

Mae'r bobl yma'n fwy cwrtais na phobl gogledd America. Yma mae rhai o'r golygfeydd pertaf yn y byd. Un o'r profiadau mwyaf ofnus dw i wedi ei gael erioed oedd mynd i ben Twr CN, yr adeilad uchaf yn y byd ar y pryd. Roedd fy nghoesau i'n dal i **grynu** wrth fynd i lawr!

Venice

Mae'r lle yma wedi cael gormod o ganmoliaeth, yn fy marn i. Os ewch chi yno, cofiwch fynd â digon o arian a phâr o welingtons gyda chi!

Victoria

Pan o'n i yma ar gyfer Cwpan y Byd dan 21 oed yn 2002, treuliais i dri diwrnod yn Zimbabwe, ar bwys Victoria Falls. Ro'n i'n aros mewn **caban** ar lan un o'r llynnoedd. Roedd yr eliffantod, y babŵns a'r *springbok* yn dod i yfed y dŵr bob dydd. Roedd yr ardal yn fendigedig – y Falls yn ddramatig, a'r wlad o gwmpas yn lliwgar ac yn llawn bywyd gwyllt.

Es i ar daith mewn cwch bach **sigledig** ar afon Zambezi.

llofruddio – *to murder*	**crynu** – *to tremble*
caban – *cabin, hut*	**sigledig** – *shaky*

Ro'n i'n teimlo'n nerfus wrth i ni fynd trwy'r eliffantod a'r hipos mewn un rhan o'r afon. Ond ro'n i'n fwy nerfus pan sylweddolais i doedd dim **siacedi achub** ar y cwch. Gofynnais i pam.

"Well, anyone who falls in," dwedodd y dyn oedd yn **llywio**, "will be snapped up by the crocodiles within five seconds, so there would be no point in having life jackets!"

Felly, gofynnais i a faswn i'n cael eistedd yng nghanol y cwch!

Wellington

Fy hoff le yn Seland Newydd yw 'Wellington Wyntog'. Mae'n ddinas gartrefol a hamddenol iawn. Ond yma ges i un o fy mhrofiadau mwyaf diflas fel dyfarnwr achos y tywydd. Ar noson y gêm rhwng Seland Newydd ac Iwerddon, roedd y **tymheredd** yn 16 °C adeg y gic gynta ac yn 0 °C pan oedd y gêm wedi gorffen. Ac roedd hi'n bwrw glaw yn drwm hefyd!

Mynyddcerrig

Dw i ddim yn gallu rhoi'r lle yma gyda'r llefydd eraill yn y rhestr. Oes eisiau dweud rhagor? Dyma'r lle gorau yn y byd. Dyma lle dechreuodd y cyfan ac yma, rhyw ddydd, bydd popeth yn gorffen hefyd.

---

siaced(i) achub – *lifejacket(s)*   **llywio** – *to steer*

tymheredd – *temperature*

Geirfa

academaidd – *academic*
achos da – *good cause*
achub – *to save*
achwyn – *to complain*
adeg(au) – *occasion(s)*
adloniant – *entertainment*
adnod(au) – *biblical verse(s)*
adran(nau) – *division(s)*
adroddiad digri – *humorous recitation*
aeddfedu – *to mature*
agwedd – *attitude*
anghwrtais – *rude*
anghyfiawnder – *injustice*
angladd – *funeral*
ailsefyll – *to resit*
Amgueddfa Genedlaethol – *National Museum*
amlwg – *clear, prominent*
anaf(iadau) – *injury (injuries)*
anfon – *to send*
annaturiol – *unnatural*
annerch – *to address, to make a speech*
annisgwyl – *unexpected*
annymunol – *unpleasant*
anonest – *dishonest*
apelio – *to appeal*
ar bigau drain – *on tenterhooks*
ar goll – *lost*
ar gyfer – *for*
ar un adeg – *at one time*
ar y pryd – *at the time*
ar y tro – *at a time*
arafu – *to slow down*
arddegau cynnar – *early teens*
arddwrn – *wrist*

arfordir – *coast*
argraff – *impression*
arogli – *to smell*
arwr – *hero*
asyn – *donkey*
at ddant – *to one's taste*
atyniad – *attraction*
awgrymu – *to suggest*
awyrgylch – *atmosphere*

bachwr – *hooker*
baner(i) – *flag(s)*
bant – *away*
bathodyn – *badge*
beicio – *to cycle*
benthyg – *to borrow*
blaenasgellwr – *flanker*
bob hyn a hyn – *once in a while*
bodoli – *to exist*
braint – *privilege*
brest – *chest*
brig – *top, summit*
brigyn (brigau) – *branch(es)*
brwnt – *dirty*
brwydr – *battle*
bwlio – *to bully*
bythgofiadwy – *unforgettable*
bywyd – *life*

caban – *cabin, hut*
cachu – *shit*
cadw cysylltiad – *to keep in touch*
cael gwared ar – *to get rid of*
cael llond bola – *to get fed up*
Caerlŷr – *Leicester*

caets – *cage*
cais – *try*
call – *sensible*
camsefyll – *to be offside*
caniatâd – *permission*
canlyniad(au) – *result(s)*
canmoliaeth – *praise*
canolbwyntio – *to concentrate*
carchar – *prison*
carcharu – *to imprison*
carreg filltir – *milestone*
cartrefol – *homely*
cefnder (cefndryd) – *cousin(s) (male)*
cefnwr – *full-back*
cegog – *mouthy*
cell cosb – *sin-bin*
cinio (ciniawau) – *dinner(s)*
clawdd – *hedge*
clod – *praise*
cloi – *to lock*
clwb (clybiau) ieuenctid – *youth club(s)*
cof – *memory*
cofrestru – *registration, to register*
comedi sefyllfa – *situation comedy*
corfforol – *physical*
corn – *horn*
cosbi – *to punish*
crac – *angry*
croesawgar – *welcoming*
crynu – *to tremble*
Crysau Duon – *All Blacks (New Zealand rugby team)*
cwar – *quarry*
cwestiynu – *to question*
cwisfeistr – *quizmaster*
cwrdd – *religious service*
cwrtais – *polite*
cydnabod – *to acknowledge*

cyfaddef – *to admit*
cyfarwydd – *familiar*
cyfathrebu – *to communicate*
cyfle – *chance*
cyflwyno – *to introduce, to present*
cyfnither(od) – *cousin(s) (female)*
cyfnod – *period (time)*
cyfres – *series*
cyfrifol – *responsible*
cyfrinach(au) – *secret(s)*
cyfrwy – *saddle*
cyfryngau – *media*
cynghrair – *league*
cyngor – *advice*
cyhoeddus – *public*
cyhyr(au) – *muscle(s)*
cyhyrog – *muscular*
cylch – *district*
cymdeithas – *society, association*
cymdeithasol – *social*
cymeriad(au) – *character(s)*
cymysgu – *to mix*
cyn-arlywydd – *former president*
cyn-chwaraewr (chwaraewyr) – *former player(s)*
cyn-ddisgybl(ion) – *former pupil(s)*
cyn-fachwr – *former hooker*
cynhaeaf gwair – *harvest, haymaking*
cynhyrchydd – *producer*
cynhyrfu – *to get excited*
cynilo – *to save (money)*
cynnig – *to offer*
cynnwys – *to include*
cynulleidfa – *audience, congregation*
cystadleuaeth – *competition*
cysur – *comfort*
cytundeb – *contract*
cywilydd – *shame*

chwarae teg – *fair play*
Chwe Gwlad – *Six Nations*
chwiban – *whistle*

dal ati – *to carry on*
darlith – *lecture*
darlledu – *to broadcast*
defnydd – *material*
denu – *to attract*
derbyn – *to accept*
derbyniad – *reception*
dianc – *to escape*
dibrofiad – *inexperienced*
dibynnu – *to depend*
diddanu – *to entertain*
diddanwr – *entertainer*
dieuog – *not guilty, innocent*
difaru – *to regret*
diflannu – *to disappear*
digrifwr – *comedian*
dihareb – *proverb*
dim rhyfedd – *no wonder*
dioddef – *to suffer*
diogel – *safe*
diogelwch – *security*
diolch byth – *thank goodness*
dirgelwch (dirgelion) – *mystery
(mysteries)*
di-waith – *unemployed*
diwydiant – *industry*
drygioni – *mischief*
Dulyn – *Dublin*
dwyn – *to steal*
dychmygu – *to imagine*
dyfarnu – *to referee*
dyfarnwr – *referee*
dyfarnwr cynorthwyol – *assistant
referee*
dylanwad – *influence*

dynwared – *to mimic, to impersonate*
dyrchafiad – *promotion*

eboles/ebol – *foal*
effeithio – *to affect*
elusen – *charity*
emyn(au) – *hymn(s)*
enfawr – *huge*
er enghraifft – *for example*
ergyd – *blow*
ers tro – *for some time*
erthygl – *article*
erw – *acre*
esgus – *to pretend*
euog – *guilty*

ffafrio – *to favour*
ffaith – *fact*
ffyddlon – *loyal*

geirfa – *vocabulary*
gêm gynderfynol – *semi-final*
gemau byw – *live games*
glanio – *to land*
glöwr – *miner*
gobeithio – *to hope*
godro – *to milk*
gofalwr – *caretaker*
Gogs – *slang term for North Walians*
gohirio – *to postpone*
gorddos – *overdose*
gorffwys – *rest; to rest*
gramadeg – *grammar*
gris – *step*
gwaed – *blood*
gwaelod – *bottom*
gwahaniaeth – *difference*
gwahodd – *to invite*
gwahoddiad – *invitation*

gwasgu – *to press*
gwddw(g) – *neck*
gwefr – *thrill*
gwefus(au) – *lip(s)*
gweiddi – *to shout*
gweinidog – *preacher*
gweithgaredd(au) – *activity (activities)*
gweld eisiau – *to miss out on*
gwerth – *worth*
gwerthfawr – *valuable, precious*
gwledd – *feast*
gwneud fy ngorau glas – *to do my
    very best*
gwneud rhywbeth o'i le – *to do
    something wrong*
gwraidd (gwreiddiau) – *root(s)*
gwrthod – *to refuse*
Gwyddelig – *Irish*
gyrfa – *career*

hala – *to send*
hamddenol – *leisurely*
hawl – *right (to do something)*
haws – *easier*
Heb ei fai, heb ei eni – *He who has
    no faults is not born*
heini – *fit*
hen ben(nau) – *old stager(s)*
hofrenydd – *helicopter*
hoyw – *gay*
hunangofiant – *autobiography*
hunllef – *nightmare*
hurt – *stupid*
hwb – *boost*
hwn a'r llall – *a few people (lit. this one
    and that one)*
Hwntws – *slang term for South
    Walians*
hyd yn hyn – *so far*

hyfforddi – *to train*

jôcs coch – *blue jokes*

lwcus – *lucky*
lwmpyn – *lump*

llefain y glaw – *to cry one's eyes out
    (lit. like rain)*
lleisio – *to voice (voice-over)*
lleol – *local*
lleoliad – *location*
llithro – *to slip*
llofnod – *signature, autograph*
llofnodi – *to sign*
llofruddio – *to murder*
llonydd – *still*
llumanwr (llumanwyr) –
    linesman (linesmen)
llungopïo – *to photocopy*
lluosi – *to multiply*
llusgo – *to drag*
llwyddiannus – *successful*
llwyddo – *to succeed*
llym – *strict*
llywio – *to steer*

mantais (manteision) – *advantage(s)*
marchogaeth – *to ride (a horse)*
maswr – *outside half (no. 10)*
meddyliol – *mental*
mêl – *honey (idiom: yn fêl i gyd – a bed
    of roses)*
mentro – *to venture, to dare*
methu – *to fail*
mewnwr – *inside half (no. 9)*
milfeddyg – *vet*
milgi (milgwn) – *greyhound(s)*
milltir – *mile*

milltir sgwâr – *square mile, immediate locality*
morfil(od) – *whale(s)*
mygio – *to mug*
mynd amdani – *to go for it*
mynd dros ben llestri – *to go over the top*

noddwr (noddwyr) – *sponsor(s)*

ochrgamu – *to sidestep*
o ddifri – *serious, seriously*
o leiaf – *at least*
o nerth i nerth – *from strength to strength*
oesoedd – *ages*
ofni – *to fear*
offer – *equipment*
osgoi – *to avoid*

Parc yr Arfau – *Cardiff Arms Park*
parchu – *to respect*
patrwm – *pattern, model*
paun – *peacock*
peiriant (peiriannau) – *machine(s)*
pencampwriaeth – *championship*
perchennog (perchnogion) – *owner(s)*
perswadio – *to persuade*
perthynas (perthnasau) – *relative(s)*
peryglus – *dangerous*
pictiwr – *picture*
plwm – *lead (metal)*
poeni – *to worry, to hassle*
poeri – *to spit*
porfa – *grass*
postyn (pyst) – *post(s)*
prin – *rare*
profiad – *experience*
profiadol – *experienced*

pryd o dafod – *row, telling off*
pwll glo – *coalmine*
pwyllgor – *committee*
pwys(au) – *weight(s)*

rownd derfynol – *final*

rhagorol – *excellent*
rhannu – *to share*
rhegi – *to swear*
rheng flaen – *front row (rugby)*
rheng ôl – *back row (rugby)*
rhentu – *to rent*
rheol(au) – *rule(s)*
rheolwr – *director*
rhes – *row, line*
rheswm – *reason*
rhoi'r ffidil yn y to – *to give up*
rhyddhad – *relief*
rhyngwladol – *international*

saethu – *to shoot*
safon(au) – *standard(s)*
Safon Uwch – *Advanced Level (A-level)*
saith bob ochr – *seven-a-side*
Sanclêr – *St Clears*
sbo – *I suppose*
serchus – *pleasant*
sgileffaith (sgileffeithiau) – *side-effect(s)*
sglefrio iâ – *ice skating*
siaced(i) achub – *lifejacket(s)*
siaradwr gwadd – *guest speaker*
sigledig – *shaky*
siom – *disappointment*
siomedig – *disappointing; disappointed*
sôn am – *to talk about*
stad – *estate*

stori'r geni – *Nativity story*
swyddogol – *official*
sylweddoli – *to realize*
synnwyr – *sense*

tad bedydd – *godfather*
tafod yn fy moch – *tongue-in-cheek*
tafodiaith – *dialect*
tanbaid – *fiery*
tanddaearol – *underground*
technegol – *technical*
technegydd – *technician*
tensiwn – *tension*
TGAU – *GCSE*
tir – *land*
torri ebolion i mewn – *to break
    in foals*
traddodiadol – *traditional*
trafnidiaeth – *transport*
treiglad(au) – *mutation(s)*
treulio (amser) – *to spend (time)*
trin – *to treat*
triniaeth – *treatment*
tro – *turn*
troseddwr – *offender*
trosiad – *conversion (rugby)*
trosleisio – *to dub*
trueni – *pity*
trwbwl – *trouble*
trwy hap a damwain – *by chance*
trwy lwc – *luckily*
trwydded yrru – *driving licence*
twyll – *deception*
tŷ cyngor – *council house*
tyddyn – *smallholding*

tymheredd – *temperature*
tynnu coes – *to pull someone's leg*
tywysog – *prince*

uchafbwynt – *highlight*
uchelseinydd – *loudspeaker*
unawd(au) – *solo(s)*
undeb – *union*
unigol – *individual*
unigryw – *unique*
unllygeidiog – *biased (lit. one-eyed)*
uwch-swyddog(ion) – *senior officer(s)*

wâc – *walk, stroll*
wfftio – *to dismiss*
wythwr – *number eight*

y pen draw – *the (far) end, the point
    of no return*
ymateb – *reaction; to react*
ymddangos – *to appear*
ymuno â – *to join*
ymwneud â – *to do with*
yn bennaf – *mainly*
yn ei flas – *on a high note*
yn enwedig – *especially*
yn y fan a'r lle – *in exactly the right
    place*
yr Ariannin – *Argentina*
ysgol – *ladder*
ysgrifennydd – *secretary*
ysgytwad – *shock (lit. shaking)*
ystlys – *touchline*
ystyried – *to consider*